ALGER NAGUÈRE ET MAINTENANT

ALGER

NAGUÈRE ET MAINTENANT

PAR

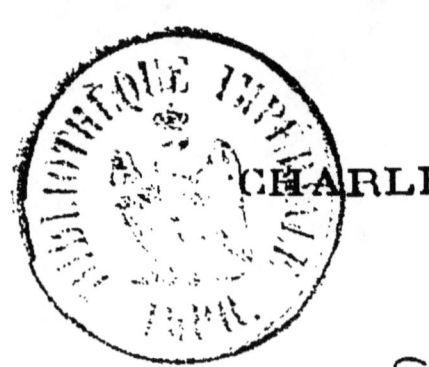

CHARLES DESPREZ

ALGER
IMPRIMERIE DU COURRIER DE L'ALGÉRIE, F. MARÉCHAL
Rue d'Orléans, 5.
1868

A M. OCTAVE DE ROCHEBRUNE

Voilà bientôt huit ans, mon cher ami, que je suis allé vous faire mes adieux. J'étais en route pour Alger, et je me présentai chez vous accompagné d'un bagage où les effets du voyageur tenaient assurément moins de place que les ustensiles du peintre et les cahiers de l'écrivain.

Un soir que nous étions assis dans votre atelier, devant les magnifiques gravures qui vous ont mis au premier rang de nos aqua-fortistes, et que, songeant péniblement à la séparation prochaine, nous causions de l'âpre pays où me poussait la destinée : — Ce ne sont pas, vous dis-je en riant, des plumes, des crayons, mais des hoyaux et des charrues qu'il faudrait emporter là-bas.

« Les beaux-arts, m'avez-vous répondu, n'importent pas moins que l'agriculture au résultat final des tâches colonisatrices. Sans le dessin, sans la peinture, sans la musique, sans la poésie, les populations restent rudes et les civilisations incomplètes. Semez donc vos fleurs en dépit du sarcasme ou de l'indifférence, et soyez sûr qu'un jour elles prendront utilement leur place entre le blé, le coton et la vigne. »

Combien de fois, mon cher ami, n'ai-je pas dû à ces obligeantes paroles, de ressaisir un courage trop souvent prêt à m'échapper ! Ce livre est le recueil de mes derniers travaux. Veuillez, s'il mérite vraiment quelque estime, en accepter, pour prix de votre bon augure, la dédicace, et l'agréer comme un faible témoignage de ma vieille et vive affection.

CHARLES DESPREZ.

Alger, avril 1868.

PRÉAMBULE

— Vous n'écrivez donc plus ? Çà marchait pourtant bien. On se plaint de votre silence ; me dit, l'autre soir, un de ces olibrius toujours prêts à tout contrôler ; le même qui, naguère, traitait d'horreur mon goût pour le journalisme et de tartines mes articles.

— Y tenez-vous vraiment ? Rassurez-vous alors. Je songe précisément à publier certains souvenirs de

Bretagne, un voyage à pied par les landes, les dolmens et les estuaires. Rien de plus affriolant.

— Laissez-nous donc tranquilles avec votre Bretagne. Il s'agit bien d'estuaires ! Je veux dire cette glorification, cette apologie, ce cantique des choses de l'Algérie si doux à l'oreille du colon.

— Ah ! le climat incomparable, le printemps éternel, les citronniers en fleur, les pentes vertes du Sahel, la ceinture bleue de l'Atlas, la bigarrure des costumes, la flânerie des arcades, la vie indépendante et facile, le paradis terrestre enfin ; mais j'ai déjà modulé ces rengaines, en ut, en ré, sur tous les tons, je les ai ressassées, je les ai rabâchées à en fatiguer le public et à m'en dégoûter moi-même.

— Ingénu ! croyez-vous donc que, dans cette myriade de journaux entre lesquels se partage forcément aujourd'hui l'attention, tout le monde ait lu votre prose ? Est-ce que, dans la mer, la laitance féconde plus d'un œuf de poisson sur mille ? Est-ce que, dans les combats, tous les coups de fusil portent ? Et supposé que chacun l'ait saisie au passage, attrapée au vol cette prose, combien de gens qui s'en souviennent ?

Règle générale, un article, si justement pensé, si purement écrit qu'il soit, est oublié huit jours après son apparition, et le sujet qu'il traite, tout usé, tout flétri qu'il semble, a recouvré sa fleur et sa virginité. Quelques modifications dans la forme, une épithète de plus, une métaphore de moins, et l'on peut toujours utilement le reprendre. Les rhéteurs auront beau vanter le dilemme, l'enthymême, le syllogisme, il n'est, pour convaincre, d'argument tel que la répétition.

— Captieux !

— Et puis vous vous flattez, vous n'avez pas tout dit. Est-ce qu'il est possible d'épuiser une matière ? Interrogez les encyclopédistes. Est-ce que, pendant votre absence, des améliorations ne se sont pas produites, des perfectionnements accomplis, qui demandent des descriptions nouvelles ? Ce boulevard monumental achevé, ces Postes, ce Trésor luxueusement installés, ces wagons pénétrant au cœur même de la ville, cette rue Randon....

— Chut !

— Enfin, supposons le dithyrambe épuisé, ne vous

reste-t-il pas les observations didactiques, les réclamations fantaisistes, les critiques humoristiques dont vous harceliez jadis et si justement parfois nos édiles ?

— Pour l'effet qu'elles ont produit....

— Ingrat ! Et cette application du suffrage universel aux Conseils municipaux ; et cette reconstruction votée d'un hospice, d'un abattoir, d'un palais de justice ; et cette Cour augmentée d'une quatrième Chambre ; et cette mise en adjudication des eaux d'Hammam-Mélouane ; et ces mosquées sauvées des entourages qui les menaçaient ; et cette cathédrale ouverte ; et ce service de la côte, ce dépôt de mendicité, ce libre accès du chemin des aqueducs....

— Pardon ! Je n'ai pu contribuer que bien faiblement, pour ma part, à ces améliorations importantes. Sur vingt qui les sollicitions, j'étais vraisemblablement le dernier, avec mon genre folâtre.

— N'importe, chacun sa manière, et la meilleure n'est pas toujours celle qu'on pense. Nierez-vous toutefois d'avoir plus particulièrement aidé au remplacement des exécrables chaises qu'une non moins exécrable loueuse imposait jadis au public ?

— Leur bail allait finir.

— D'avoir fixé l'attention sur la mauvaise tenue, les inconvénients et les dangers de l'équarrissage ?

— Qui ne les sentait comme moi ?

— Ces ombrages qui maintenant couvrent avec tant de grâce la fontaine de la Régence, ne vous les doit-on pas quelque peu ? Douze articles pour le moins....

— Les orangers se mouraient ; on les eût forcément remplacés tôt ou tard.

— C'est depuis vos lamentations qu'on a cessé d'écourter les platanes dont le libre développement donne aujourd'hui meilleur air à la place.

— Attendons pour chanter victoire. Est-ce bien fini tout à fait de la serpe et du sécateur ?

— On a voté des fonds pour la restauration de votre jardin Marengo.

— Une aumône.

VI

— Les bellombras que vous préconisiez commencent à reprendre faveur. Le Génie en a récemment planté le long du rempart Bab-el-Oued.

— De guerre lasse, après avoir vainement essayé les acacias, les platanes et les sapins.

— Vous vantiez les balcons ; on en garnit partout les nouvelles façades.

— Intérêt bien entendu.

— La gymnastique tant prêchée par vous a maintenant, au collége arabe, un temple qu'avoueraient Amoros, Triat et Paz.

— La seule force du progrès.

— N'est-ce pas aux critiques dont furent, par vous, salués les *sarcophages* des Messageries, que nous devons les terrasses à balustres qui tempèrent la laideur des bâtiments de la douane ?

— Si l'architecte vous entendait !

— D'après vos vœux, formulés le jour même de sa chute, feu le grand palmier Bab-Azoun a maintenant un successeur, et vos lianes favorites grimpent élégamment autour.

— Si peu de chose !

— Encouragement pour demander davantage. Le nouveau Conseil municipal semble rempli de bon vouloir. On devine qu'il lit les journaux, qu'il consulte avec soin l'opinion publique. Ce sont chaque jour des délibérations, des rapports, des arrêtés. L'administration supérieure ne paraît pas moins active. Rien de contagieux comme le zèle. Jamais, sans doute, vous n'aurez été mieux écouté. Donc, gardez pour les Bretons votre Bretagne, aux Algériens, parlez d'Alger.

— Soit ; mais...

— Plus de mais. Pris au mot.

Et qui m'assure que demain mon olibrius ne sera pas le premier à dire que j'aurais mieux fait de me taire.

Le lecteur jugera.

I

L'ATTRAIT

Muse de Théocrite, inspire mon exorde.

C'était aux bords fleuris où l'Yères promène, sous un ombrage épais d'aunes et de peupliers, ses eaux semées de nénuphars. Jamais l'harmonieux pasteur de Sicile, jamais le chantre divin d'Ausonie ne trouvèrent pour leurs bergers de plus agréables retraites.

Ici croissent, parmi les touffes du cresson amer et les feuilles luisantes du becabunga, le myosotis aux corolles d'azur et le butome aimé des libellules. Là se marient au chêne antique, dont la cime touche les nues, la flexible viorne et l'églantier cher à Cypris.

Sur les coteaux, doucement inclinés vers le septentrion, alternent les guérêts chargés des trésors de Cérès, les vergers enrichis par les dons de Pomone et le gras pâturages où ruminent paisiblement les génisses rassasiées de cytise et de serpolet.

Autour des toits rustiques, s'étendent les jardins qu'embaument de leur parfum le tendre narcisse, la pâle violette, le rosier rival de la pourpre, et qu'abrite des vents du nord le châtaigner aux fruits épineux.

Jamais le tumulte des cités, jamais le bruit sonore des javelots heurtant les boucliers d'airain ne troublèrent la paix de ces humbles demeures consacrées à Pan, fils de Dæmogorgon, dieu des troupeaux et des campagnes.

J'avais dix-neuf printemps. Un blond duvet couvrait mes lèvres sans altérer la douceur de mes baisers. Mon teint avait la fraîcheur de la rose nouvelle. Ni l'ardent Sirus, ni Vesper aux rayons enflammés ne surpassaient en éclat mon regard, et lorsque Zéphyre caressait mes cheveux aux ondes brillantes, Bérénice éclipsée pâlissait dans le ciel.

C'est l'âge où, sur le point d'entrer dans la lice, le pubère cherche sa voie, et les dieux qui président aux destins des mortels essayaient tour à tour sur moi leurs influences diverses. Mercure aux pieds ailés me montrait de son caducée les commerçants revendant au poids de l'or les biens achetés à vil prix. Mars déployait à mes yeux ses drapeaux couronnés par la Victoire. Thémis m'offrait ses balances, attribut de la justice. L'auguste fille de Cybèle conseillait l'agriculture. Vains efforts ! Galatée me retenait dans ses bras jaloux.

O Galatée, charmante Galatée, plus blanche que les cygnes, plus douce que le thym dont les abeilles composent leur miel, autant le chêne robuste l'emporte sur le roseau fragile, autant le timbre de ta voix, suave comme un chant de Philomèle, défie l'éloquence des dieux.

Fuyant les profanes regards, nous attendions, pour nous réunir, que la nuit eût voilé les cieux de son manteau semé d'étoiles, et la main dans la main, l'œil au guet, le pas furtif, nous gagnions, par les sentiers bordés de troène aux fleurs mouillées de rosée, l'ombre impénétrable des bois.

Les ranes, cependant, coassaient au fond des étangs humides, les zéphyrs susurraient à travers les rameaux du chèvre-feuille odoriférant, les ruisseaux bruissaient dans leur lit de cailloux, et bientôt montant du sein des collines, Phœbé prêtait à nos jeux la discrète lueur de ses rayons d'argent.

Rochers moussus, tendres gazons, humble fougère, saules dont les rameaux se recourbaient gracieusement sur nos têtes, fraisiers qui nous donniez vos fruits, arbustes dont nous détachions les prunes couleur de rire, fontaine où nous puisions l'onde fraîche et limpide, Naïades, Hamadryades, vous en fûtes témoin, vous pourriez l'attester, l'Aube venait trop tôt nous ordonner de partir, et nous n'obéissions à sa voix que lentement, à regret, et nous répétant mille fois : à ce soir !

Les semaines, les mois, les ans s'écoulaient oubliés dans ce bonheur champêtre.

Un jour, mon père m'envoya à Melun chez le conservateur des hypothèques. Il s'agissait de mainlevée, d'intérêts, de caution, que sais-je ! Et puis des tas de paperasses à porter : grosses, minutes, états de lieux, tout un bagage. Impossible d'aller à cheval. Je dus prendre le tilbury.

L'odieuse corvée terminée, je revenais au petit trot, la tête penchée, l'œil distrait, considérant en apparence les faneuses qui remuaient avec leurs grandes fourches la luzerne à demi séchée, ou les cantonniers qui cassaient des cailloux au bord de la route, mais pensant effectivement à Galatée, me disant que je l'aimais tous les jours davantage et me promettant de ne jamais la quitter, lorsque bien loin, bien loin, tout au bout de la double rangée d'ormes dont les troncs noueux se tordaient en mille postures grotesques, j'aperçus comme un point rouge cheminant dans la perspective.

Quand on voyage seul, la moindre chose intéresse. Je n'eus rien de plus pressé que de rejoindre le point rouge ; et ce pauvre Bijou, dont mon cœur indulgent avait jusqu'alors ménagé l'allure somnolente, dut passablement commenter, dans son for intérieur, sur les excitations orales et même (pardon, vieil et fidèle ami!) les nombreux coups de fouet qu'il reçut en cette occurrence.

Quoiqu'il marchât dans le même sens que moi, j'eus bientôt rattrapé l'objet de ma curiosité. C'était un homme affublé du plus étrange costume. Il portait de larges culottes ou plutôt une jupe de drap garance retroussée à la hauteur du mollet. Ses coudes-pieds étaient chaussés de guêtres blanches. Une écharpe bleue lui ceignait les reins. Sa veste, plus foncée, soutachée d'agréments ponceau, s'ouvrait sur un gilet de même étoffe ; et, sur sa tête rasée, s'enroulaient, autour d'une calotte à gland, les torsades d'un turban vert.

A cette époque, en France et surtout dans les communes écartées, le zouave était encore un phénomène. On le suivait dans les rues. N'osant le questionner lui-même, on s'entre-demandait son état, son origine. Les uns le prenaient pour un Turc, les autres pour un marchand d'eau de Cologne. Beaucoup ignoraient son nom. Aidé par le souvenir d'une précédente lecture et d'un dessin du *Magasin pittoresque*, j'eus reconnu bien vite à qui j'avais affaire. Un zouave ! quelle aubaine, en cette heure notamment de solitude et d'ennui !

Mon héros, pour marcher, s'appuyait sur un bâton. Un gros sac militaire lui chargeait les épaules. Il semblait fatigué. Nos yeux se rencontrèrent. Je n'eus qu'à faire un signe, en moins d'une seconde il était assis près de moi.

Oh ! merci, s'écria-t-il ; et immédiatement il me raconta sa longue absence de sept ans, la bonne vieille mère, la gentille promise, l'excellente sœur, qui l'attendaient toutes trois à Rosoy, et l'ardent désir qu'il avait de les embrasser le soir même. — Je le pourrai peut-être grâce à vous qui m'allez abréger l'étape. Si vous saviez l'importance du service que vous me rendez, et le plaisir que me cause chaque coup de fouet dont vous frappez votre cheval !

Hue ! Bijou, dia ! Bijou. Pauvre cher ! La joie rend communicatif. Nous avions du temps devant nous. Le zouave raconta ses campagnes, l'occupation de Mascara, le combat de la Sickak, la prise de Constantine ; puis passant au chapitre des observations pittoresques et des particularités physiologiques, il décrivit la terre des Bédouins avec ses tentes, ses palmiers, ses chameaux et ses minarets. Les Mauresques voilées, les Juives au plastron brillant, les bazards où l'on vend les essences de rose et les foulards dorés de Tunis, puis encore les bains, les fantasias, les cérémonies indigènes eurent leur part dans ses tableaux aussi colorés que divers. Enfin, abordant le côté positif des choses et touchant même en quelques points à la question coloniale, il dit la fertilité de la terre, les aloès poussant en moins de quinze jours leurs turions de plusieurs mètres, les champs non fumés, labourés à peine et produisant par an quatre récoltes, les jujubiers, les orangers, les grenadiers mûrissant à même les haies, sans culture ; il dit surtout la facile et rapide fortune des premiers venus, la spéculation effrénée, les enrichissements fabuleux. A l'entendre, un séjour de quelques mois à Alger suffisait pour vous faire de gueux millionnaire et d'aventurier chevalier de la Légion d'honneur.

Nous arrivâmes cependant, trop tôt hélas ! pour tous les deux, à l'endroit où mon chemin se détachant à angle droit de la route de Rosoy, force fut de nous séparer. Mon compagnon sauta prestement de voiture, me serra vivement la main de sa poigne robuste, et me tournant le dos, il commençait à s'éloigner lorsque revenu tout à coup : — Deux heures de gagnées ! s'écria-t-il. J'embrasserai ma mère ce soir. Quel bonheur ! Comment reconnaître... Ah ! j'y pense. Tenez !

Et ce disant, il tira de son sac une petite tortue. — Je l'ai prise, ajouta-t-il, sur les bords du Mazafran. Elle dormait dans les cactus, à l'ombre d'un micocoulier. Acceptez-la, je vous prie, et gardez-la en souvenir des bons instants que nous venons de passer ensemble.

Adieu l'idylle. Cet incident l'évapora. Vainement Galatée me jetait des pommes, vainement sa voix m'appelait, je ne pensais plus qu'au zouave, à ses descriptions, à ses aventures. Jeu bizarre du sentiment ! l'affection ravie au plus charmant objet que le soleil eût éclairé peut-être, je l'avais reportée toute entière sur un être hideux, inerte, ridicule, ma tortue. Jamais créature de cette espèce ne fut mieux soignée, plus fêtée. On l'avait installée dans une belle caisse, auprès de ma bibliothèque. Tous les matins, je lui portais une ample provision d'insectes et de laitue fraîche. J'étudiais ses mouvements, ses instincts, ses préférences. Je caressais du doigt sa carapace luisante, sa petite tête craintive. On nomme un chien, un cheval, un perroquet, une chèvre, mais le fit-on jamais pour une vulgaire émyde? J'appelai la mienne Claudine, nom féminisé de son premier maître ; et quand ses deux yeux noirs s'arrêtaient fixement sur moi, il me semblait l'entendre me répondre : Mascara, palmiers, bédoins, fortune, gloire, volupté.

L'eau d'un réservoir n'a souvent besoin, pour rompre ses digues et noyer toute une contrée, que d'un trou, d'une fissure ; de même il ne faut souvent qu'un objet futile, un mot vague, un rien pour éveiller des désirs qui sommeillaient en nous ignorés ou plutôt comprimés dès leur naissance. J'ai lu très jeune *Robinson Crusoé*, *Paul et Virginie*, *Atala*, *l'Itinéraire de Paris à Jérusalem*, et c'est à ces compositions exaltées que je dois surtout l'amour de l'Orient et des pays méridionaux qui me tient encore aujourd'hui. Mais cet amour était resté jusqu'alors exclusivement platonique. Le soleil de l'équateur est si loin, si loin sont les cocotiers de l'Amazone et les pyramides d'Egypte ! J'avais d'ailleurs, sous le toit paternel, si peu d'argent, si peu d'indépendance ! Doit-on croire enfin tout ce qui s'imprime ? Les écrivains, pour se faire valoir, pour captiver l'attention du lecteur, exagèrent souvent et parfois même inventent. Le récit d'un zouave naïf ne pouvait être, au contraire, que l'expression sincère de la vérité. Ses accents empreints de franchise retentissaient encore à mon oreille. Son geste convaincu, je le voyais encore. Et puis n'avais-je pas constamment sous les yeux un témoignage autrement certain des raretés du pays qu'il m'avait décrit : la tortue, ma chère Claudine ! Et pour atteindre ce pays, il suffisait d'un voyage relativement court et peu dispendieux. Alger s'éleva donc tout à coup, dans la masse flottante et confuse de mes aspirations, à la hauteur d'une idée fixe.

Alger ! l'Afrique ! mine féconde et si peu exploitée encore ! Que de choses à découvrir ! Que d'aventures assurées ! Nul ne savait, dans ma province, quoique ce soit de ces contrées si récemment livrées à la curiosité des touristes et à l'activité des colons. Je verrais, des premiers, les almées, les oasis ; je soupèserais les trésors des bazars et je rapporterais des produits, des croquis, des souvenirs entièrement nouveaux sur les bords de l'Yères, sans compter les titres authentiques de maisons achetées le millième de leur valeur, et de haouchs trouvés abandonnés dans la plaine.

Ce ne sont point ici des mémoires. Inutile donc, je crois, de raconter comment un désir si vif languit près de quinze ans avant de s'accomplir, par combien de luttes et de travail il me fallut conquérir une liberté doublée d'assez d'écus pour la rendre effective, par quelles contrariétés du sort je dus me résoudre à visiter l'Allemagne, la Suisse et l'Italie, pour lesquelles je n'éprouvais que des sentiments tièdes, avant Alger, le rêve favori de mon adolescence, et ce que j'éprouvai de regrets, ce que j'essuyai de chagrins jusqu'au jour où s'ouvrit pour moi la porte dorée du Sahel. Que d'excitations en effet, d'entraînements autour de moi ! C'était l'époque de croyance et d'engoûment qui valut à l'Algérie ses plus nombreux pionniers. Pour un rien, sur un signe, on quittait famille, amis, patrie, et l'on se mettait en route. Le gouvernement lui-même poussait, aidait à l'émigration. Quel accueil recevrait-on là-bas, quelles y seraient les ressources ? En reviendrait-on jamais, y pourrait-on seulement subsister ? N'importe, il semblait que le doute, l'inconnu, le mystère accrût encore le prestige de cette terre d'élection, ancien grenier des Romains, et dont quinze siècles de barbarie n'avaient nécessairement pu qu'augmenter, en lui procurant un repos salutaire, la proverbiale fécondité.

L'hiver dernier, durant les tristes mois que je passai loin de la place du Gouvernement, ma plus agréable occupation était de rechercher dans Paris tout ce qui pouvait le mieux rappeler à mon cœur regrettant la patrie adoptive. Je visitai le jardin Turc, l'Alcazar, la caserne des Turcos, les boutiques d'objets arabes ; je fréquentai les étuves de la rue Penthièvre qui ressemblent à nos bains maures, les galeries du Jardin des Plantes et les serres du bois de Boulogne, où végètent, aux feux du coke, nos autruches, nos caméléons, nos bambous et nos lataniers.

L'exposition universelle ouverte, j'y devins l'hôte assidu du compartiment algérien. Ces fresques où la beauté de nos campagnes avec leur ciel serein, leurs horizons bleuâtres, leurs moissons opulentes et leurs ombrages caractéristiques était représentée à grands traits ; ces casiers pleins des spécimens choisis de nos produits agricoles, forestiers et industriels : blé, soie, tabac, coton, thuyas, eucalyptus, pâtes, essences, papier d'alfa ; ces bibelots indigènes, pipes, burnous, armes, colliers, ceintures, me retenaient heure après heure en dépit de l'attraction bien autrement souveraine des tableaux, des machines et des palais exotiques. Admirateur moins passionné des tisserands berbères, des bouchonniers kabyles et des vanniers soudaniens, je ne laissai pas toutefois de les passer régulièrement en revue chacune des quarante ou cinquante fois que j'explorai le Champ-de-Mars.

Enfin, non content de lire et relire chez moi tout ce que je pouvais attraper de publications algériennes, j'avais pris un abonnement dans l'un des rares salons de lecture qui reçoivent, à Paris, les journaux de la colonie. Et là, négligeant pour eux la *Patrie*, le *Figaro*, l'*Illustration*, je dévorais avec avidité l'*Akhbar*, l'*Echo d'Oran*, le *Courrier*, le *Moniteur de l'Algérie*. Tout y passait : communiqués, articles de fonds, faits divers, variétés, réclames, annonces.

Un parent jeune, intelligent, hardi, curieux de voir et sans doute aussi d'utiliser ses moyens, me tenait habituellement compagnie. — Eh bien ! lui dis-je une fois, ces choses-là ne vous inspirent-elles pas l'envie d'aller en Afrique ? — Pas le moins du monde, répliqua-t-il sans hésiter. M'exposer à la dépense, aux fatigues, aux ennuis du voyage, lorsque je puis trouver ici tout ce qu'on va chercher là bas ! Des flissas, des gandouras, des narguilés, les boutiques du boulevard et de la rue Rivoli en regorgent. Des Maures, des caïds, des bachagas, ils encombrent nos promenades. Des bananiers, des aloès, des cactus, ceux de nos serres me suffisent ; je leur préfère d'ailleurs, nos chênes et nos tilleuls. Ces horizons, ces rochers, ce désert, ces oasis dont vous me vantez les merveilles, je les ai tous tout entiers avec leur soleil, leur étrangeté, leur magnificence, et pas chers, au fond de mon stéréoscope. Je veux bien croire à l'authenticité de vos manufacturiers mograbins, mais la piètre chose en ce siècle de progrès, de vapeur et d'électricité ! Quant à vos aïssaouas, permettez-moi de vous le dire franchement, ils me dégoûtent.

J'insistai : Ce n'était là qu'une exposition archéologique, le côté drôle du pays : on ne devait prendre au sérieux que les envois des colons. — Soit, me répondit-il ; mais combien d'or, de temps et de labeur peut-être ces produits n'ont-ils pas coûté ? Expérimentation ruineuse, j'en jurerais. Montrez-moi donc quelque part, retiré des affaires, riche et puissant, un seul cultivateur de cette Mitidja si fameuse. Vos journaux ne sont-ils pas d'ailleurs l'écho terrifiant de vos détresses ? A part quelques réclames, baume étendu par-ci, par-là, par des plumes charitables sur vos plus cuisantes blessures, ce ne sont partout, à chaque colonne, que doléances sur la sécheresse, les incendies, les chiens enragés, les sauterelles, l'épizootie, les insurrections, la mendicité, le choléra, les banqueroutes, les tremblements de terre. Mais je préférerais mille fois m'en aller, malgré les frais, en Australie, au Brésil, à Ceylan. Pour ces pays-là, du moins, je conserve encore, malgré maint récit médiocrement favorable, une illusion suffisante. Je puis espérer m'y plaire, m'y instruire, y faire fortune. Tandis que dans vos gourbis...

Ce n'était point une fanfaronnade. Il est parti la semaine dernière, à bord du *Donnaï*, pour les mers de la Chine.

Combien d'autres faits ne citerait-on pas à l'appui de l'indifférence, du mépris, voire de la répulsion que généralement l'Algérie inspire aujourd'hui ! La statistique m'ébouriffe. J'ai peine à me figurer des nombres lorsqu'ils sont exprimés par plus de trois ou quatre chiffres. Je ne rechercherai donc pas mathématiquement quelle part nous avons, depuis quinze ans, obtenue sur la masse flottante qui va courant incessamment de l'ancien vers le nouveau monde ; mais ce que je puis affirmer, sans craindre aucun démenti, c'est la pauvreté, l'insignifiance, la quasi-nullité de cette part. Nul n'ignore, en effet, que si la population européenne de l'Algérie s'accroît encore annuellement dans une certaine mesure, nous le devons moins au flot (flot tari) de l'immigration, qu'à l'excédant (imprévu, inouï) des naissances sur les décès.

Et quant à ces curieux, ces peintres, ces touristes

qui venaient naguère par bandes visiter nos cités mauresques, esquisser nos bois toujours verts, expérimenter notre vie orientale, le nombre en a, ce me semble aussi, considérablement diminué. L'on ne voit plus, comme autrefois, les acheteurs se presser aux étalages des bazars, les artistes circuler avec le carton à dessin sous le bras ou la boîte à couleurs sur l'épaule, et les flâneurs sillonner les rues pittoresques des quartiers déclives. Le temps n'est plus où les Horace Vernet, les Théophile Gautier, les Marochetti, les Dauzats, les Alexandre Dumas, les Gudin, les Morel-Fatio, les Boulanger, les Fromentin, les Giraud, les Desbarolles, j'en passe et des meilleurs peut-être, venaient non-seulement explorer nos tribus, mais se fixer au milieu de nous. Si quelques noms fameux dans les choses de l'art et de la fantaisie figurent encore de temps à autre sur la liste des nouveaux venus, ils n'appartiennent plus qu'à ces chercheurs maladifs, pauvres ou paresseux qui trouvent trop pénible, trop dispendieux ou trop long le voyage d'Egypte et du véritable Orient. Une preuve, entre mille, de cet abandon. Tandis que depuis la multiplication et la démocratisation des moyens de transport, Paris, Genève, Marseille, Londres, New-York, Naples, Bade, Interlacken (il faudrait des pages) ont vu leurs hôtels décupler de nombre, avec addition de restaurants, de cercles, de casinos, Alger en est encore aux quatre ou cinq hôtels qui suffirent à ses débuts. Or, on le sait, où tout progresse, quiconque ne marche pas, recule.

Singulière inanité des prévisions humaines ! les efforts que l'on fait depuis trente ans pour populariser l'Algérie n'auraient-ils abouti qu'à la desservir ? La propagande, une fois certaines bornes franchies, se changerait-elle en épouvantail, et notre pauvre colonie ne ressemblerait-elle, ô misère ! qu'à ces demoiselles à marier dont les prétendants s'éloignent dès qu'ils les connaissent trop ?

Va-t-il falloir, pour lui rendre son ancien prestige et sa vogue évanouie, rebaisser le rideau qui la voilait jadis, supprimer nos journaux, cesser nos exportations, rappeler de Paris nos marchands indigènes, fuir le jour éclatant des expositions universelles, établir enfin sur nos côtes un cordon sanitaire, ou plutôt prohibitif, chargé d'arrêter au passage tout ce qui tenterait de sortir ? Ne pouvons-nous plus maintenant espérer d'avancer qu'à l'expresse condition de remonter le cours du progrès et de rentrer dans l'ombre, dans la barbarie, grâce à laquelle nous avons prospéré d'abord ?

L'énoncé seul d'une telle hypothèse en démontre l'absurdité. Notre vogue périclite effectivement, mais s'écarte-t-elle en cela de l'ordre des choses? Tout développement a ses crises climatériques. Entre l'enfance si charmante et la jeunesse si superbe, il est, pour l'homme et pour la femme même, un moment de laideur, de gaucherie et d'abrutissement relatif. L'adolescent patauge dans un milieu de transitions fâcheuses et ridicules. Sa voix mue, ses traits bouffissent, ses sentiments s'entre-choquent, son esprit bat la campagne. Entre la barbarie et la civilisation, il est pour les sociétés une époque particulièrement scabreuse; c'est celle où les masses ayant perdu l'ignorance sur laquelle on s'appuyait pour les gouverner, ne possèdent point encore les connaissances nécessaires au règlement de leur raison. Tout marche de travers, tout semble compromis, les révolutions s'en mêlent, et les gens à courte vue n'imaginent au mal d'autre remède que l'obscurantisme. Plus de lumière! plus de lumière! devraient-ils, tout à l'opposé, s'écrier avec l'auteur de *Werther* et de *Faust*.

L'Algérie voit aujourd'hui sa réputation empêtrée dans les mêmes anicroches. On sait trop d'elle, ou plutôt l'on ne sait point assez. Donc, au lieu de reculer, c'est avancer qu'il nous faut. Plus vite nous courrons et plus tôt nous sortirons de ce funeste passage. Sus les expositions, en avant la réclame, courage surtout les journaux ! Confrères, redoublons, si possible, d'ardeur. Pour moi, je n'estimerai jamais comme un des actes les moins méritants de ma vie la part que j'ai prise à la lutte. Que les méchants écrits, les libelles, les pamphlets venant à la traverse, loin de nous rebuter, soient accueillis comme une aubaine. Ils ont éveillé l'attention, ils passionnent le public, et la riposte va trouver son auditoire tout prêt. Rien de tel que l'éreintement pour préparer l'apologie.

Une chose peu connue ne l'est qu'à son détriment, le mal faisant plus de bruit que le bien. Ainsi le veut notre humaine sottise. Que l'Algérie soit donc expliquée, dévoilée tout entière, le bon y surpassant déjà de beaucoup le mauvais, son succès ne fait aucun doute. Et quel triomphe surtout, lorsque tant d'améliorations promises lui seront enfin accordées ! Les citer ici, nul besoin. Tout le monde les connait. Nos gazettes locales les rappellent incessamment. L'autorité les a consenties en principe. Affaire de quelques années. L'attrait momentanément affaibli reprendra dès lors toute sa puissance, et les nouveaux colons qu'il nous vaudra, guidés cette fois non plus par des rapporteurs engoués ou des échantillons fantasques, comme mon zouave et ma tortue, mais par des données positives et des avantages sérieux, réussiront au delà même de leur espoir. L'Australie n'aura plus qu'à se bien tenir.

Quant aux émigrants fantaisistes, ceux que guide la nouveauté, les beaux-arts ou la poésie, j'ai bien peur que notre pays ne les attire plus longtemps. Avec cette manie d'imitation qui tend à uniformiser les plans, les monuments et les habitations des villes, avec cette extension des voies ferrées, cette facilité de déplacement et ce système de libre échange dont l'inévitable résultat sera de fusionner les races, les coutumes, les costumes, et de répartir également sur la surface entière de la terre les industries, les arts et les productions de tous les pays, enfin, avec les procédés chaque jour plus parfaits de la photographie, qui vous porte, pour ainsi dire, les sites à domicile, on finira par ne plus vouloir voyager. A quoi bon se déplacer quand il y aura partout des rues comme la rue Vivienne et des bâtisses calquées sur la caserne Napoléon ? Que faire de courir lorsque règneront universellement le paletot, le gibus, le bézigue et le vaudeville, lorsque sur toutes les tables et dans toutes les saisons on vous servira mêlés, la cérise, la banane, le couscoussou, la choucroûte, la bouillabesse et le potage aux nids d'hirondelle ? A quoi bon quitter son fauteuil lorsqu'il suffira, pour voir les forêts vierges du Brésil, les sommets de l'Himalaya ou les sources du Nil bleu, d'ouvrir un stéréoscope ?

Alger pourrait cependant, et sans frais, demeurer longtemps encore au nombre des cités qui les dernières garderont, comme Athènes, Rome, Palmyre, le don de stimuler la curiosité des voyageurs. Il lui suffirait pour cela de laisser debout le peu qui lui reste de belles constructions indigènes. Ces murs revêtus de faïence, ces galeries intérieures, ces arcs aigus, ces colonnes, ces terrasses que l'on semble ici mépriser comme un odieux héritage et que l'on s'acharne impitoyablement à détruire, mais nos petits neveux, soyez-en sûrs, les regretteront en maudissant notre aveuglement et notre vandalisme.

Toutefois, chère Algérie, en dépit de la diffusion des choses et de la stupidité des hommes, il te restera toujours, pour exercer ton attrait, ce beau ciel dont nul architecte ne saurait gâter la voûte sublime, toujours ce délicieux climat que nulle locomotive ne pourra jamais exporter, toujours enfin ce je ne sais quoi d'étrange et d'innommé, de puissant et de doux que ne possèdent au même degré ni l'Orient islamique avec ses merveilleux paysages, ni la molle Italie avec ses grands souvenirs, ni la fière Helvétie avec sa liberté,

II

LA TRAVERSÉE

Nous avons certes progressé depuis ces jours de tâtonnement et d'expectative où nul service régulier n'existait entre l'Algérie et la France. Le seul moyen de transport mis à la disposition du public consista d'abord en bateaux à voiles partant de temps à autre, revenant à leur aise, sans dates périodiques, et prenant de dix à vingt jours pour exécuter un trajet que nous faisons maintenant en moins de quarante-huit heures.

Nous avons certes progressé depuis ces jours de méfiance et d'absolutisme où, non contente d'exiger des nouveaux débarqués un passeport en règle et de leur imposer une carte de séjour, l'autorité s'arrogeait ensuite le droit, tantôt de les retenir arbitrairement, sans instruction ni jugement, tantôt de les chasser brutalement, sans égard pour leurs propriétés, leur industrie, leur famille, leur avenir.

Longtemps annoncé, longtemps éventuel, le service des bateaux à vapeur fut définitivement organisé dans le courant de l'année 1835. On eut, pour débuter, un seul courrier tous les dix jours, puis un chaque semaine, puis six, puis huit, puis dix par mois. L'Etat, la Compagnie Bazin, les Messageries impériales furent tour à tour employés à ce service.

De son côté, la carte de séjour cessa peu à peu d'être obligatoire. On put circuler dans Alger au même titre que les Indigènes. Et pour se rembarquer, il suffit d'annoncer, dans les journaux, son départ trois jours à l'avance. Cette mesure avait, dit-on, pour objet d'empêcher les débiteurs de fuir à l'insu de leurs créanciers. Pareille précaution peint bien les mœurs d'une époque.

A présent, nous avons trois courriers par semaine, sans compter les grands bateaux à quatre mâts de la Compagnie générale. Les traversées, dont la durée moyenne exige deux jours et deux nuits, ne prennent quelquefois, grâce au beau temps ou suivant la marche du navire, que trente-deux à trente-six heures.

L'installation des passagers est relativement confortable : pont de l'arrière bien tenu, salons garnis de divans élastiques, cabines propres avec tentures de damas et lambris en bois d'acajou, nourriture abondante sinon recherchée. Mais la réserve, en ce dernier détail, ne s'accorde-t-elle pas avec l'hygiène ? Au dire des médecins et des navigateurs, le meilleur spécifique contre le mal de mer, c'est la sobriété, voire le jeûne absolu. Pour charmer ses loisirs, on a les dames, les échecs, la bibliothèque du majordome et le piano toujours ouvert, dans le premier salon, aux arpéges des dilettantes.

Plus la moindre formalité, soit au départ, soit au débarquement. Les passe-ports supprimés, et pour se mettre en route, il n'est pas même besoin de retenir son passage d'avance. Qu'on soit à bord avant le dernier coup de cloche, suffit. On paye sur place, absolument comme au chemin de fer.

Mais le progrès doit-il s'arrêter là ? Que de perfectionnements il faudrait encore avant que la traversée cessât d'être, pour les trois-quarts des voyageurs, un épouvantail, un martyre ! Entre quelques bons bateaux, nous en avons tant de mauvais et d'incommodes ! Celui-ci marche lentement, celui-là roule au moindre flot. Certains noms, rien qu'à les prononcer, l'*Avenir*, le *Méandre*, la *Saintonge*, l'*Hermus*, donnent à beaucoup des nausées. Et puis les souvenirs terrifiants de tempêtes et de sinistres. Le *Sinaï*, ce foudre de vitesse, mettant, au mois de septembre dernier, cinq grands jours pour se rendre d'Alger à Marseille. L'*Hermus*, battu par un ouragan, brisé, désemparé, passant vingt heures d'agonie au milieu des Baléares, et ne trouvant dans la baie de Palma, au lieu d'une hospitalité chrétienne, que des procédés de Caraïbes. O mémoire! deux cent quarante francs douze mauvaises planches, et le refus de la libre pratique à un navire muni de sa patente nette! L'*Atlas*, enfin, tout entier perdu, sans qu'un passager, une épave, rien ait pu indiquer le jour et le lieu de la catastrophe. Qui saurait dire le nombre de visiteurs, d'industriels, d'émigrants dont ces sinistres ont privé l'Algérie! Un exemple en passant.

J'ai, parmi mes connaissances, la meilleure chair à colon que notre grasse Champagne ait peut-être jamais nourrie. C'est un gros garçon bien fort, bien intelligent, bien actif, qui, dès ses premières années, rompu au travail des champs, manifesta, pour la culture, des dispositions merveilleuses. Non content d'introduire, dans l'exploitation de son père, les perfectionnements enseignés par l'agronomie moderne, il inventait luimême des machines, découvrait des procédés nouveaux. A peine âgé de vingt-deux ans, il brûlait déjà de s'établir. La ferme de Vernouillet était, disait-il, à louer, et la fille du maire, brune piquante et sage, promettait de devenir une excellente ménagère. Deux superbes occasions.

La famille du gars ne manquait pas d'écus. Le père était facile mais prudent. On se rappelait, d'ailleurs, certain cousin germain qui, pour s'être marié trop jeune et sans l'expérience voulue, avait commis sottise sur sottise. Tout le monde sait l'ordinaire histoire : les passions tardives, l'intérieur négligé, les enfants mal conduits, l'héritage à vau-l'eau. Il fut résolu que Placide (c'est le nom de mon Champenois) voyagerait quatre ans avant de s'établir.

Il commença par la Suisse; mais tout en admirant glaciers et cascades, tout en se délectant d'air alpestre et de poésie lacustrale, il n'abandonna point ses idées favorites; et les vignerons de Vévey, les métayers de Neufchâtel le virent aussi souvent s'intéresser à leurs travaux que les grimpeurs du Righi-Kulm et les pèlerins du grand Saint-Bernard partager leurs amusements.

Il parcourut ensuite, et toujours surtout au point de

vue agricole, la Belgique, l'Allemagne, la Norwége et la Russie. Son excellente constitution lui permettait des explorations où tout autre se fût infailliblement brisé. Que d'observations fructueuses en ces pays de céréales où certaines exploitations ont l'étendue, la population et l'importance d'un royaume !

— Eh bien ! père, dit-il, en revenant de Saint-Pétersbourg, n'ai-je point assez roulé par le monde ? La ferme de Vernouillet et la fille du maire...

— Tout doux ! mon fieux, répliqua le bonhomme, tu sais le Nord par cœur, au Midi maintenant. Qui n'entend qu'une cloche n'entend qu'un son, et pour bien choisir il faut tout connaître.

On déplia des cartes et discuta des itinéraires. L'agréable ne devant pas moins que l'utile avoir sa part en ce dernier voyage, il fut décidé que Placide irait passer d'abord l'hiver à Alger, et que, le printemps venu, il gagnerait l'Italie par Malte, Alexandrie, le Caire, le Sinaï, Jérusalem, la Turquie et la Grèce.

Le voilà parti. C'était vers la fin de septembre. Ce mois a, dans le Midi, une beauté inexprimable. Il semble que le ciel plus pur, l'air plus doux, les nuits plus sereines veuillent nous dédommager par avance des intempéries de l'hiver. Les vapeurs du matin gisent bleuâtres au fond des vallées. Les arbres, dorés par l'automne, ont l'immobilité des statues. La Méditerranée, unie comme une glace, sommeille sur ses rivages où pas un flot ne se brise.

Telle elle était le jour où Placide s'embarqua. Telle elle demeura tout le temps de la traversée. C'était à bord de l'*Indus*. L'excellent bateau, les divins loisirs ! L'esprit heureusement disposé par les bons rêves de la nuit, on s'éveille à l'aube, et bientôt, dans le cadre rond du hublot, étincellent les feux richement nuancés de l'aurore. En attendant que les mousses, dont on entend vaguement s'escrimer, au-dessus, les râcloirs, les étoupes et les balais, aient fini de nettoyer le pont, on songe dans son lit bien blanc sinon moelleux, on feuillette ses guides et parcourt ses lettres de recommandation. Puis bientôt on se lève, et tirant de la valise la brosserie fine, les savons parfumés, on se livre posément à sa toilette d'élégant touriste, tandis que le soleil, reflété par la mer, danse en joyeuses fantasmagories sur le plafond de la cabine.

A table, les clovis, la bouillabesse, les artoirs, les figues de Marseille, les gros raisins dorés de Provence, et tous ces mets étranges, ces produits insolites dont ne manquent jamais de s'enamourer ceux qui n'ont jamais dépassé le quarante-cinquième degré de latitude.

Après le déjeuner, on fait, en fumant sur le pont, une partie d'échecs, on lit le *Roi des Montagnes* sur les divans de la salle commune, et découvrant dans son voisin de cabine un *hardi* colon de la Mitidja, du Chélif ou de la Seybouse, on l'accable de questions : Et le climat, le blé dur, le coton, les oliviers, les dattes, les caravanes ? Sésame, Sésame, ouvre-toi ! Et chaque réponse, en effet, révèle au néophyte une terre de prodiges. Les haïks, les burnous, le grand air d'un groupe de chefs arabes retournant à leurs tribus complètent l'enchantement.

On regarde, le soir, les marsouins prendre leurs ébats dans le sillage du navire, on écoute chanter au piano la prima donna du théâtre de Carpentras en transbordement pour celui d'Alger ; la lune se lève sur la mer immobile, et l'on rentre dans sa cabine heureux jusqu'à se demander si, malgré les brillantes perspectives du but, il ne vaudrait pas mieux ne jamais arriver.

On arriva pourtant. Je renonce à décrire les ravissements de Placide. Il se choisit, en plein soleil, un logement dans la maison d'Apollon ; il se fit présenter au cercle, y prit ses repas à la table d'hôte ; il visita les vieux quartiers indigènes, les mosquées, l'exposition permanente, l'évêché, la bibliothèque, le jardin d'Essai, le ravin de la Femme-Sauvage, la Pointe-Pescade, la vallée des Consuls ; il assista aux fêtes officielles et aux cérémonies indigènes, fréquenta les bains, les cafés maures, et peu à peu gagné, comme tout débutant, par la maurescomanie, il s'acheta des babouches, un serroual, un burnous, et se fit photographier en Arabe. On met cela dans son album, et de retour en France, on dit à ses amis, après leur avoir brodé quelque affaire nocturne ou quelque chasse au lion : Voilà comment j'étais !

Le hardi colon du bateau avait invité Placide à venir le voir dans un de ses haouchs, celui de la Mitidja. Notre voyageur s'y rendit au printemps. Quelle féerie ! l'immense plaine avec ses incomparables moissons, les norias à l'ombre des figuiers, le jardin clos de cactus, l'habitation entourée d'un péristyle de pampres, l'intérieur gai, propre, commode, luxueux même. L'accueil qu'il reçut fut tel qu'au lieu d'un jour il en resta huit, et que ces huit jours écoulés, son plus grand bonheur fut de voir son hôte le violenter pour qu'il retardât encore son départ. L'homme des champs, il faut bien l'avouer, avait pour rehausser l'attrait de son exploitation, une fille jolie, aimable, charmante en tous points, et soit effet du climat, soit surexcitation d'un cœur remué coup sur coup par tant d'enthousiasmes Placide en était devenu subitement amoureux.

Si je ne craignais d'ennuyer, je dirais les incidents qui accélérèrent la marche de cette passion bien explicable après tout, et le lecteur ne serait pas surpris de voir, après moins d'un mois de villégiature, notre touriste renoncer à l'itinéraire si curieusement entrepris de l'Italie, de la Grèce et de l'Orient, parler même d'abandonner famille, amis, patrie pour se fixer dans la Mitidja.

— Il y a, me dit-il un jour, contiguë au haouch du vieux, une propriété de deux cents hectares dont on ne demande pas plus de quatre-vingt mille francs. C'est dix fois moins cher que chez-nous, et, bien cultivé, ça peut rapporter deux fois plus. Vous savez, j'ai des méthodes !... J'achète la propriété, j'épouse, et me voilà pour la vie le plus fortuné des hommes. Il ne manque plus, pour réaliser ces projets, que le consentement paternel. Le demander d'ici, par lettres, à brûle-pourpoint, c'eût été risquer un refus. On apprécie là-bas si peu notre magnifique Algérie ! (Il appuyait complaisamment sur ce *notre*.) Mais je connais assez mon excellent père pour être dès maintenant assuré que mes descriptions, mes prières, mes larmes au besoin triompheront de sa résistance. Il ne m'a jamais rien refusé en face. Qui sait même si je ne parviendrai pas à le ramener avec moi. Quel climat pour ses rhumatismes !

Placide partit, et le temps favorable d'abord lui permit de contempler, avec la sérénité d'âme qu'inspire la certitude d'un prochain retour, ce lent effacement des rivages aimés si pénible au cœur de celui qui les quitte pour toujours. Mais bientôt, pendant la nuit, ses rêves bénins d'ordinaire furent tout à coup traversés par des visions épouvantables. Il tombait dans un puits sans fonds, et plus ses mains essayaient de se cramponner aux parois, plus il tombait avec vitesse. Baigné de sueur, il s'éveille. C'était le bateau qui roulait.

Pour ceux qui le connaissent, à quoi bon renouveler leurs angoisses en décrivant le mal de mer ; et quel récit pourra jamais le faire bien comprendre à ceux qui ne l'ont point éprouvé ? Ces maux de cœur, ces spasmes, ce martyre ! Le plancher tremble, les cloisons cèdent, les meubles roulent pêle-mêle, les vagues en mugissant déferlent sur le pont, inondent les cabines, et la crainte du naufrage s'ajoute aux tortures du corps. Chaque minute semble un siècle, et combien de minutes dans quarante, que dis-je ! dans cent heures, durée possible de la traversée. !

Ce n'est pas une fois mais vingt, que pendant cette

interminable agonie, Placide se jura de ne plus voyager sur mer. Si difficile que soit l'itinéraire terrestre, il reviendrait, pensait-il (ô projet fantastique, aberration d'un esprit terrifié !) par la Russie, le Caucase, l'isthme de Suez et la côte de Barbarie.

Rentré sous le toit paternel, il dut consacrer quelques jours au repos, puis quelques autres à préparer, par des insinuations adroites et des redoublements de tendresse, le terrain à son ouverture, enfin quelques autres aux choix de ses arguments, à la forme de son discours ; mais l'heure venue de parler, le souvenir de la traversée pesait encore tellement sur lui, qu'il ne put prononcer un mot. Il avait bien vite reconnu l'impossibilité du Caucase, et l'Algérie, comme la Belle au bois dormant, ne s'offrait plus à ses yeux qu'au delà de mille dangers, au prix de la mort peut-être.

Les habitudes d'autrefois reprenaient cependant peu à peu sur lui leur empire. On ne rompt jamais tout à fait avec les goûts de son enfance. La fête du village sous les châtaigniers, les joyeux repas de famille et le grand feu dans l'âtre aux premiers frissons de l'hiver écartèrent bientôt de son souvenir le couscoussou, les palmiers et la vie orientale dont la nouveauté plus que le charme, sans doute, l'avait un instant séduit. Le haouch planureux de la Mitidja et la créole aux yeux de velours balançaient bien encore dans son cœur la ferme de Vernouillet et la brune fille du maire ; mais celles-ci, pour les avoir, il lui suffisait d'étendre le bras, les autres avant d'y songer il fallait franchir un abîme. Le reste aisément se devine, et voilà par la seule faute de ces traversées odieuses, un bon colon perdu pour l'Algérie.

Mais, objecterez-vous, tout le monde ne craint pas, à ce point, le mal de mer. Tout le monde, non sans doute ; mais bien neuf personnes sur dix. Consultez voir, non pas les colons (ils ont généralement l'*œs triplex*, autrement seraient-ils colons ?), mais en France, parmi vos amis, les plus forts, les plus intrépides.

Mais, direz-vous encore, si le premier mal de mer peut inspirer à un homme tant de dégoût et de terreur qu'il se refuse absolument à en affronter un second, le profit n'en doit-il pas être partagé par la colonie ? Car enfin on court aussi bien la chance de souffrir en venant ici qu'en s'en retournant. Eh ! pour quoi comptez-vous le cœur humain ? Il n'est maux si grands, si certains qui puissent nous tenir éloignés de la patrie. Tandis que pour une fantaisie, pour la fortune, pour le bonheur même, on marchandera les épreuves. A Alger, nostalgique, vous partez malgré vent et marée.

A Marseille, émigrant, on consulte le baromètre, on écoute ses appréhensions, et bien souvent on retourne, avec ses malles, au chemin de fer.

Jamais aucun remède, aucun procédé, je crois, ne viendront à bout du mal de mer. L'extrait gommeux, les bonbons de Malte et autres pharmacopées nauséeuses, les ceintures, les lits suspendus et autres procédés mécaniques ont fait depuis longtemps leurs preuves. Excellents en théorie, ils sont à l'application sans effet. Faut-il donc renoncer pour toujours au soulagement d'un des maux les plus cruels de l'humanité ?

Lorsque je vois nous arriver, par une mer affreuse, sa cheminée blanche de sel et ses passagers blêmis sur le pont, le courrier qui peut-être était sorti de la Joliette avec un temps magnifique ; lorsque je vois ce même courrier nous quitter par un calme plat mais avec les appréhensions du gros temps qu'il va probablement rencontrer au delà des Baléares, je penche tristement la tête et je me prends à songer. Voici :

Le cable électrique sous-marin est rétabli entre Alger et Marseille avec émergence et bureau de correspondance à Palma, le bon vouloir de l'Espagne aidant. Le courrier de France, devenu quotidien, fait régulièrement escale aux Baléares. Tous les jours, au moment où les bateaux vont prendre la mer, les stations électriques de Marseille, Alger et Palma communiquent entre elles, et l'on sait exactement quel temps il fait sur les principaux points du parcours. Mauvais, les passagers qui craignent le roulis s'abstiennent ; beau, tout le monde s'embarque, et malgré l'inconstance proverbiale des flots, il est fort à présumer que l'on arrivera sans encombre, sinon jusqu'à Marseille, du moins jusqu'à la station de Palma.

Là, nouvel échange de communications électriques. Le temps a-t-il subitement changé dans le golfe ? les peureux font relâche un jour, deux jours, huit jours au besoin. Palma n'est pas si détestable. Bons hôtels, nombreux cafés, théâtre, musées, promenades. On visite la cathédrale, une des plus belles du monde, et l'on en écoute jouer les orgues fameuses à juste titre. On s'achète un bouquet sur la place des Bornes, et le nerf olfactif doucement chatouillé par l'odeur du jasmin et de la verveine, on va sur la Rambla se délecter les yeux par la vue des gentilles insulaires, ces dignes rivales des Andalouses. Aux heures chaudes du repos, on lit, sur les larges balcons, l'*Hiver à Majorque* de George Sand, et pour peu que l'escale dure, on explore les environs.

Les parages de l'île calmés, ceux de Marseille déclarés par le télégraphe satisfaisants, on prend le bateau du jour au passage, et l'on continue sa route. Si les victimes du *Sinaï*, de l'*Hermus* et notamment de l'*Atlas*, avaient eu ces moyens à leur disposition !

Ce que j'ai dit pour l'aller s'applique aussi bien au retour ; mais, autre et non moins précieux avantage des bureaux télégraphiques, nous savons jour à jour la destinée des parents, des amis que nous avons salués au départ et dont nous guettons la venue. Ils sont aux Baléares, ils continuent d'avoir beau temps, ils sont arrivés à bon port. Tandis que dernièrement il nous a fallu trembler et nous désoler six longs jours avant d'être rassurés sur le sort, sur la vie de ceux qu'a failli engloutir l'horrible tempête du 25 septembre.

Mieux encore, au profit des organisations particulièrement délicates : Le chemin de fer est fini depuis Alger jusqu'à Oran. Des trains rapides vont de Carthagène en France. Un service télégraphique et des bateaux à vapeur journaliers relient Oran et Carthagène. Huit heures seulement de traversée. Ce sont les éventualités du moindre roulis écartées, c'est véritablement le mal de mer supprimé entre la France et l'Algérie. Il en coûte plus cher, mais combien ne payerait-on pas un simple allégement de souffrance !

Maintenant, est-ce que la réalisation de ce rêve ne

pourrait arriver un peu prochainement ? Est-ce que, au point de vue télégraphique, nous resterons longtemps encore plus éloignés de la France que New-York et Pondichéry ? Est-ce que l'Espagne avec son immobilité, son ignorance, ses préjugés, ses interdictions douanières, ses éternelles quarantaines sera toujours ce pays difficile, âpre, inhospitalier, la Chine de l'Occident ? Est-ce que bientôt, enfin, les voyageurs plus exigeants n'arriveront pas à faire comprendre aux compagnies, subventionnées ou non, qu'ils sont autre chose que des marchandises ? L'avenir de la colonie dépend de ces questions beaucoup plus qu'on ne saurait croire.

III

L'ASPECT

On était las des Grecs et des Romains. Usés jusqu'à la corde, et d'ailleurs déconsidérés par les fades productions des écrivains et des peintres du premier Empire, l'Olympe faisait bâiller, Sparte et Socrate endormaient, Cincinnatus et sa charrue donnaient des attaques de nerfs. Pour ranimer l'art expirant, il fallait un genre nouveau. Le romantisme parut qui, désertant le vieux monde, alla chercher en Orient des scènes inédites et des tableaux inexplorés. Chateaubriand et Lamartine pour la poésie, Delacroix pour la peinture historique, Marilhat pour le paysage, furent les pionniers de cette émigration salutaire. On les suivit en masse, et bientôt il fallut, sous peine de déchéance, que tout teneur de plume ou barbouilleur de toile eût visité la terre des dattiers, des turbans et des caravanes.

Quel appoint aux récits du zouave de Rosoy, quel complément aux séductions de la tortue Claudine, lorsque, l'école de Droit et le greffe du tribunal de Commerce esquivés, je me fus, en qualité de rapin, rangé sous les drapeaux de Coignet, de Troyon et de Calame !

C'est le 10 avril 1853 (voilà bientôt quinze ans) que je partis pour Alger. La traversée fut détestable, non au point de me dégoûter à jamais des excursions maritimes, mais assez néanmoins pour me préparer comme il faut aux jouissances de l'arrivée. On sait l'ordinaire effet des constrastes. Comme, au sortir de prison, la liberté semble bonne ! Comme, après soixante heures de mal de mer, le rivage paraîtra beau !

J'avais rêvé l'impossible ; mon rêve fut dépassé. Quand, à six heures du matin, par une aurore splendide, la côte africaine surgit, vêtue d'émeraude et d'azur, pailletée d'or et d'escarboucles, je ne pus retenir un cri d'admiration. A chaque tour de roue, les détails confus d'abord, s'offraient plus distincts, plus charmants. C'était la pointe Pescade, avec son joli café maure libre des laides bâtisses qui devaient plus tard le masquer. C'était Saint-Eugène, aux rares maisons disséminées entre les massifs de figuiers, de lentisques et d'oliviers qui couvraient alors, en grande partie, ce flanc du Bouzaréah. C'était le jardin Marengo, frais, touffu, délicieux, tel enfin qu'il sortit des mains de son intelligent créateur.

Mais, au détour du Pegnon, quelle surprise nouvelle, quelle extase plus grande encore ! Entre l'indigo de la mer et le bleu doux du firmament, se dressait un amas de choses éblouissantes : carrière de marbre blanc, sécheries gigantesques, dés à jouer titaniques, châteaux de cartes hyperboléens, que penser ? Rien d'abord qui rappelât nos villes européennes. Ensuite, à regarder plus attentivement, l'œil dessillé distinguait, dans ces blocs unis, quelques trous, peut-être bien des fenêtres ; entre ces cubes pressés, des fissures, les rues vraisemblablement ; enfin, tout l'opposé de nos habitations boréales.

Le paquebot franchit la passe et pénétra dans le port. On put alors apercevoir la base sur laquelle perchait ce singulier amphithéâtre. Elle était composée de rochers, d'assises, de contreforts effrités, disjoints, biscornus, auxquels s'accrochaient çà et là des gerbes de roseaux, des touffes de ricins, des cabanes, des balcons et jusqu'à des galeries tapissées de plantes grimpantes. Mais le morceau capital de ce front de mer pittoresque, c'était la mosquée de la Pêcherie avec son minaret, ses coupoles, ses dentelures et ses murs blancs reposant sur le sol même du quai. L'eau qui les reflétait semblait en doubler la hauteur. Rien de plus imposant. Et puis, que de promesses ! On présume d'un livre par l'avant-propos. Après un pareil frontispice, que ne point attendre d'Alger, que ne point espérer de l'Algérie entière !

Les indigènes célébraient, ce jour-là précisément, une fête religieuse. Des Bédouins, les premiers que je vis en aussi grand nombre, défilaient majestueusement sur les quais, drapeaux, flûtes, tambours en tête. Ainsi, lumière et musique, décorations et personnages, rien qui manquât à la mise en scène. Pouvait-on espérer de prime-saut un plus large échantillon de la vie orientale !

— La ville fait bien d'ici, n'est-ce pas ? dit, en interrompant brusquement mon silence comtemplatif, un monsieur avec lequel j'avais déjà causé durant les rares bons moments que nous avait laissés le roulis ; la ville fait bien d'ici, mais avant peu d'années ce sera mieux encore. On doit plaquer, devant les masures du bas, un rempart sans pareil au monde.

Un rempart sans pareil au monde !... Et mon imagination de courir. Les murs d'Avignon, d'Angers, de Rome, de Carcassone, avec leur étrangeté, leur grandeur, mais revus et modifiés suivant le goût byzantin. Ici des tours, des encorbellements, des créneaux brodés d'arabesques, là, surplombant avec leur jardins suspendus, des parapets, des miradores ; les rampes, les escaliers s'enfonçant dans l'ombre des voûtes, sous les arcades ogivales, et d'un bout à l'autre des quais, entre le pied du rempart et le rivage de la mer, une longue avenue de kermès ou d'érythrines aux fleurs de corail.

Sept longues années devaient s'écouler avant l'exécution de l'œuvre promise. Ce ne fut qu'au mois de septembre 1860 qu'on en inaugura les travaux. Napoléon III et l'Impératrice se trouvaient alors au milieu de nous, et grâce à cette conjoncture, la cérémonie fut entourée d'un éclat tout particulier. On avait dressé sur les quais, entre le premier bassin et la place du Gouvernement, un trône aux degrés duquel conduisait un propylée d'aigles d'or. Des deux côtés de l'estrade partait une double rangée de tribunes ornées de riches tentures et décorées de nombreux oriflammes. A quelques pas en avant de ce somptueux hémicycle, s'élevait un pavillon mauresque sous la coupole duque gisait, blanche, carrée, d'aplomb, mais non encore scellée, la première pierre du boulevard.

Le 19 septembre, à dix heures du matin, par un temps magnifique, il sembla que les soixante et quelques mille habitants d'Alger désertaient en masse la ville pour se porter sur les quais. Français, Espagnols, Bédouins, hommes, femmes, enfants, une foule ! Et puis, au milieu du flot populaire, les soldats, les officiers, les magistrats, les fonctionnaires, les écoles, le clergé. Bigarrure inouïe d'uniformes et de costumes. Les musiques des régiments jouaient leurs plus entraînantes fanfares. Le canon tonnait à bord des vaisseaux dont les mâts pavoisés et les vergues garnies de marins en tenue de fête se profilaient délicatement sur les bleues étendues du ciel, des montagnes et de la mer.

Pendant que les autorités échangeaient leurs inévitables discours, et que l'Impératrice posait la pierre fondamentale, mes regards, âpres de détails et curieux de ne rien oublier, rencontrèrent, à droite, un tableau gigantesque. La toile tendue sur châssis, avait bien vingt mètres de haut et représentait, présumai-je d'abord, ou les arches d'un pont, ou le viaduc d'un railway. Rien de plus triste, de plus laid, de plus industriel, en un mot. Pourquoi ce contraste à tant de splendeurs ? Pourquoi ce trouble-fête au milieu de tant d'allégresse ? J'interrogeai mon voisin qu'à son costume hybride je supposai devoir appartenir aux administrations urbaines. — Cela ? s'écria-t-il ; mais c'est le boulevard !... Il prononça ces mots d'un ton superbe, les sourcils hauts, les yeux écarquillés, la bouche grande ouverte. Il n'eût pas dit autrement : le Parthénon, le Louvre, l'Alhambra.

Mon rêve, ô mon beau rêve ! Je commençai par m'indigner. Puis, je tombai dans un accablement profond. L'incrédulité vint enfin tromper quelque temps mes regrets. Mais c'est impossible, pensais-je ; l'eau ne remonte pas à sa source, le progrès n'enfante pas la décadence ; ils n'oseront jamais, ils se raviseront.

Le boulevard se fit.

Que MM. les architectes, ingénieurs, entrepreneurs, maçons, gâcheurs et *tutti quanti* qui concoururent à cette œuvre, veuillent bien excuser ici les boutades d'un artiste. La poésie, on le sait, vit surtout d'étrangetés, d'anomalies, de désordre. La ligne droite, le correct, le neuf, le poli, l'horripile. Un tronc d'arbre noueux, un rocher tapissé de mousse ont pour elle plus d'attrait que tous les ordres ionique, dorique, corinthien et composite ensemble. Victor Hugo, chantant l'arc de triomphe de l'Etoile, n'a t-il pas dit, en vingt strophes sublimes : O monument ! à ta beauté royale, il manque quelque chose : mille ans de dégradation.

Et que surtout chacun de MM. les architectes, ingénieurs, entrepreneurs, maçons, gâcheurs et cœtera susdits, se garde bien de prendre pour lui personnellement quoi que ce soit des aménités dont ma plume humoristique pourra bien parfois gratifier, outre le boulevard en question, certains des monuments qu'Alger doit aux bienfaits de la conquête. Je sais trop maintenant à combien de contradictions, à combien d'amendements, modifications et retouches est ici soumis le moindre projet pour en vouloir jamais attribuer à quiconque, je ne dirai pas seulement la responsabilité, mais même l'idée primitive.

Or, tandis que Morton Peto perpétrait le boulevard, nos embellisseurs ravageaient la ville. A bas les maisons mauresques, à bas les passages voûtés, les rampes, les rues tortueuses ! Vivent les casernes de cinq étages, vivent les escaliers, les rues droites, les larges places ! Et maintenant...

Lorsque, le 11 juillet dernier, après quinze mois d'absence, et tout entier au souvenir du premier débarquement, je revis ce Sahel qui m'avait tant charmé naguère, une impression de surprise douloureuse étreignit soudain mon cœur. *Quantum mutatus!* m'écriai-je. Est-ce bien le même pays ?... La côte, dénudée par deux années de sécheresse, offrait le plus triste spectacle. Partout des champs stériles, partout des terrains vagues dont la teinte cendrée trahissait l'appauvrissement. On eût dit le seuil du désert. Le jardin Marengo, rogné, gâché, fané, poudreux, ne se distinguait plus de son morne entourage ; et sans le minaret Abd-er-Rhaman, sans la colonne de la grande armée qui lui servent de jalons, l'œil en eût cherché vainement la place.

L'aspect d'Alger mit le comble à mon désappointement. Ce n'est déjà plus, il s'en faut, cette carrière éblouissante, ce trapèze de marbre blanc, ce fantastique amas de choses indéfinissables, étonnement du voyageur et ravissement du paysagiste. Ce n'est point encore une ville, dans l'acception française du mot: ces masures, ces glissoires ! C'est un je ne sais quoi de transitoire, d'incertain, d'équivoque, d'innommé. Si quelques zones encore ont conservé leur ancienne blancheur, les trois quarts du coteau sont gris. Gênes est gris, mais de quel gris ! gris perle, gris rosé, gris céleste. On dirait un château d'opale, un amphithéâtre de nacre. Le gris d'Alger est fade, crasseux, ignoble, dégoûtant. Il sent la banalité, l'égoïsme et la sottise.

Plus de terrasses étagées, plus d'ensemble, plus d'harmonie. Des maisons de toute forme et de toute hauteur se dressent, par-ci, par-là, potiron, marron, feuille morte, ternes, sales, noires même, au gré du propriétaire, avec leurs toits aigus surmontés de tuyaux roussâtres, de cheminées enfumées ou de huttes photographiques. Ça l'**Algérie**, ça l'Orient ? Autant vaut Melun, Charenton !

Sur ce, nous entrons dans le port, et le rempart terminé développe à nos yeux ses voûtes à plein cintre, ses parapets de fonte et ses bataillons de gargouilles, tout cela visant à la symétrie, mais ne réalisant, en effet, qu'une perspective informe, disparate, irrégulière. On sent bien partout l'action du compas, de la règle et du niveau, mais vu la convexité des bastions et la brisure des façades, ou surtout la déclivité des parapets dont pas un seul, même celui du boulevard proprement dit et de la place du Gouvernement, n'est franchement horizontal, l'ensemble forme, à quelque point qu'on l'examine, un chaos, un tohu-bohu d'autant plus laid qu'il est plus volontaire. On dirait les coupures entrecroisées d'une planche où l'on a rogné du papier. Les enfants y pourront trouver un immense jeu de honchets, et les historiens futurs l'effet d'un tremblement de terre. O les architectes ! Autant un désordre artistique plait, autant déplait le bon ordre sans art.

Les deux jolies mosquées de la Marine et de la Pêcherie sont maintenant cachées par la grande machine ; il n'en paraît plus, au-dessus, que les coupoles et les minarets. Tel, englouti par les sables mouvants, le sphynx des pyramides ne montre, au désert de Lybie, que sa tête mystérieuse ; mais, tandis que les Egyptiens ont, en ceci, le droit de maudire le sable envahisseur du désert, les Algériens, pour leurs mosquées, ne peuvent accuser qu'eux-mêmes.

Un bon conseil à l'administration, c'est de ne jamais me nommer conservateur de ses nouveaux monuments. Je ferais, je l'en préviens, ma tâche tout à rebours. S'il m'arrive parfois d'aller promener mes loisirs le long du port et des jetées, c'est moins pour admirer le bon état des murailles, bastions, voûtes et magasins du rempart, que pour me consoler à la vue des additions, superfétations, détériorations mêmes, qui, peu à peu, j'espère, finiront par corriger la raideur des lignes et l'uniformité des façades.

La chose, déjà, va bon train. Ainsi, les ménagères espagnoles, enfournées près de la Santé, signalent aux passants leur génie domestique par une ample exhibition de loques et de haillons séchant splendidement au soleil. Le *Lion d'Afrique* étale au-dessous d'eux le seul tableau, et quel tableau ! régnant en ces bas-fonds populaires. Des enseignes de toute couleur bariolent, après, les façades : *Bombonel aîné*, bleu ; *Café maltais*, idem ; *Modeste Garro*, vert ; *Mazet*, nankin ; *Dubos*, or ; *Exposition et Musée d'histoire naturelle*, chocolat.

De timides pots de fleurs, quelques rideaux de feuillage parent, çà et là, les arcades. Le café des Adieux s'est enguirlandé de volubilis. Celui de la Gare est orné de pommes de terre grimpantes. Mais le roi, sans contredit, de ces débits horticoles, c'est le café maure situé presque en face de la Douane. Un épais fourré de roseaux, de pampres, de ricins, de bananiers, de coloquintes en couvre exactement le seuil, tandis que, derrière les bancs où médite accroupi maint indigène pittoresque, prospèrent et fleurissent, fête des yeux, charme de l'odorat, des touffes d'amomon, de jalap et de basilic. Rien de frais et de gai, les après-midi, comme une halte sur ces bancs. L'ombre verdâtre vous baigne, les scènes du quai vous amusent. Chut ! n'ai-je point trop parlé ? Si la police... Allons-donc ! pour deux mètres au plus d'empiètement sur une voie si large et si peu fréquentée ! Les grands cafés du haut prennent bien autrement leurs aises !

Mais avant des années, des années, avant que l'usage et l'abus aient sérieusement modifié le faciès du boulevard, ces détails de lessive, d'enseignes et de jardinets ne seront, au gré de l'artiste, qu'une retouche bien insuffisante. Et, comme je fais moi-même, en mes heures de fringale contemplative, il lui faudra, pour retrouver les extases d'autrefois, recourir aux mensonges du clair de lune. Certes, à la faveur de ces rayons blafards, de ces ombres puissantes, de cet air vaporeux où les contours s'émoussent, où les plans s'estompent, Alger paraît encore aussi blanche, aussi curieuse, aussi splendide que sous le règne des deys. Mais n'importe ! piètre est la femme qui, pour plaire, a besoin d'un voile ; triste la ville dont la beauté ne se révèle que la nuit.

Une anecdote ; j'en ai, comme cela, des douzaines. Lorsque l'été dernier, j'attendais à Marseille, pour revenir à Alger, un beau temps et un bon bateau, deux choses rares à trouver ensemble, même en ces mois d'ordinaire accalmie, lorsque je courais tour à tour du tableau des navires en partance aux baromètres de la Canebière, j'aperçus devant le bureau des Messageries impériales un entassement étrange. C'étaient des lits de fer historiés à la manière génoise, des commodes Louis XV, des matelas garnis d'étoffes écossaises, des lampes romaines, des coussins turcs, des plaids, des mantes, des burnous, enfin comme un assortiment des meubles, ustensiles et vêtements des quatre parties du monde. Au milieu de cet amas vaguait un particulier dont le costume affectait le même cosmopolitisme. Je n'eus pas besoin de le considérer bien longtemps pour reconnaître en lui mon ancien voisin d'Albano, John Rigden, riche Anglais, numismate, conchyliologiste, sculpteur, antiquaire et touriste effréné.

— Toujours en route, mylord! Où donc allez-vous cette fois? m'écriai-je en lui serrant la main. — A Palerme. — Comment! Je vous en croyais dégoûté. — Dégoûté jusqu'à la mort, et pourtant... Vous allez rire. Lors de mon premier séjour, c'était l'ennui qui m'accablait. La campagne explorée, les églises visitées, que faire? Savez-vous rien de plus fastidieux que cette rue de Tolède où les *donninari* promènent du matin au soir leurs gilets et leur pantalons taillés d'après un modèle unique? Nulle gaieté, nul esprit. Des propos à dormir debout. Pas la moindre distraction; ni bals, ni journaux, ni spectacles. J'ai filé. Trois ans après, malgré le charme de l'Italie, de la Grèce et de l'Orient parcourus dans l'intervalle, je revenais à Palerme. L'aventure capitale de ce deuxième séjour, je vous l'ai déjà racontée : mon arrestation par la bande Zappulla, ma captivité de six mois dans les cavernes du Pellegrino, mon oreille droite à demi coupée, la rançon de dix mille piastres. Je filai derechef, jurant bien cette fois qu'on ne m'y prendrait plus. Vous voyez comme je me tiens parole. Maintenant, dites-moi, quel effet Palerme vous a-t-il produit, à vous, le jour de votre arrivée ?

— Un effet indescriptible, répondis-je électrisé par cet appel à l'un de mes plus lumineux souvenirs. Ce front d'hôtels élégants et de palais majestueux, cette forêt de campaniles, de croix, de flèches dorées, de dômes étincelants, cette vallée couverte d'orangers, de palmiers et de citronniers, ce merveilleux amphithéâtre de montagnes, ce ciel enfin qui joint à l'éclat de celui d'Alger la douceur de celui de Naples, mais c'est tout bonnement l'entrée du paradis.

— Eh bien ! voilà justement ce qui m'a fanatisé : le *prospect* de Palerme, comme dit votre Montaigne. Ni l'ennui, ni la rançon, ni la torture, rien n'a pu affaiblir en moi la première impression. J'y retourne, et cette fois pour toujours...., témoin ce déménagement. Donc, adieu. Le bateau chauffe.

Conclusion. Les villes en général, et Alger en particulier, ne soignent pas assez leur aspect, et par soigner, j'entends tout autre chose que de tracer des rues Haussmann et de construire des boulevards de l'Impératrice. Si jamais, douteuse hypothèse, je suis chargé de fonder une capitale, et qu'on m'ouvre à cet effet un crédit de cinq cents millions, j'en veux consacrer le quart, pour le moins, à l'apparence. Seulement, au lieu d'appeler à mon aide le préfet de la Seine et (*servum pecus*) ses imitateurs, je consulterai des artistes, j'étudierai ces chefs-d'œuvre de la nature ou de la pensée qui font l'admiration des touristes, et si d'aventure, sous ma pioche, se rencontre un monument historique, une montagne, un arbre curieux, quelque vieux quartier pittoresque, comme celui de la Casbah, je me garderai bien de le détruire. Il sera le cachet de la cité nouvelle. Notre perchoir indigène eût, dans l'avenir, été pour Alger ce que sont aujourd'hui pour Naples le Vésuve, pour Shaffhouse la chute du Rhin, pour Grenade l'Alhambra, pour Milan sa cathédrale et pour Rome ses ruines. O regrets !

IV

L'ACCÈS

Jadis, en arrivant de France, on débarquait devant la mosquée de la Pêcherie. C'était à deux pas de la ville. Rien qu'un simple coup d'œil, et l'étranger le plus novice découvrait à la fois la direction à prendre et le gîte à choisir. Nul moyen de s'y tromper : la voie grimpait, unique ouverture, entre les murs de la mosquée et les contreforts de la place ; les principaux hôtels montraient, au-dessus de la balustrade, leurs longues rangées de fenêtres et leurs enseignes majuscules.

Une meûte de yaouleds se disputait d'ailleurs vos bagages, et ces frêles introducteurs, affrontant des charges énormes, ne pouvaient évidemment songer à vous faire entreprendre un bien long voyage. Quelle que fût la paresse de vos jarrets, vous les suiviez de confiance.

— Va, sidi, va devant, toujours, vous disaient-ils obligeamment après avoir marché quelques pas, moi courir à la douane et te rattraper tout à l'heure.

Pure formalité, cette douane ; la preuve, c'est que jamais on ne vous demandait vos clefs. Encore moins s'avisait-on de déclouer vos caisses. Le bâtiment n'avait, avouons-le, ni style ni richesse, une grange, un gourbis ; mais, compensation précieuse, il se tenait modestement à l'écart et ne gênait pas même la vue. Que dis-je ! il la récréait. Sa cour, véritable jardin planté de citronniers, de bananiers et couvert de charmilles, formait, par sa fraîche verdure, un contraste joyeux avec les murs blanchis des mosquées dont il ombrageait la base. Si bien installés que soient aujourd'hui MM. les douaniers, ils n'ont point oublié, sans doute, le gentil bosquet de leur ancienne résidence. Plusieurs d'entre eux, si ma mémoire est bonne, ont naguère bien gémi de sa destruction.

Vous n'aviez pas marché deux minutes tout seul, que le yaouled déjà rejoignait, sautillant avec votre bagage paraphé quoique intact, et vous gagniez, l'un suivant l'autre, la rampe de la Pêcherie. Cette rampe était bien alors un des trajets les plus curieux et les plus amusants d'Alger. Toujours pleine d'allants, de venants, de flâneurs, elle était en outre bordée par une double haie de marchands plus originaux, plus criards, plus incroyables les uns que les autres. C'était d'abord, en bas, dans l'ombre constellée de son auvent aux milles trous, un débitant de coquillages, éponges, coraux, hippocampes et autres menues drôleries aquatiques. Une table chargée d'oursins et de poulpes lui faisait face. Puis venaient des buvettes, des cabarets alternant avec des pyramides d'huîtres, des corbeilles de sardines et des panerées d'escargots.

On montait quelques marches, et la rampe recommençait plus intéressante encore. C'étaient des juifs colporteurs de lacets, de chaussons, de miroirs, d'allumettes chimiques. C'étaient, fendant la foule avec la gravité qui les caractérise, des Arabes porteurs de gâteaux ou de sucreries indigènes. Des étalages de fruits, de viandes, de tortues se succédaient pressés jusqu'au faîte, et, brochant sur le tout, pendaient accrochés aux murailles, des assortiments de couffins, des régimes de bananes, des cages de serins, de perroquets et de caméléons. Sans compter le hérisson, le porc-épic, le rat blanc, la gazelle dont l'apparition ne manquait jamais d'ameuter les gamins et badauds du voisinage.

Bien que la rampe de la Pêcherie fût, à peu de chose près, aussi haute que l'escalier-bastion qui l'a remplacée, elle semblait moins longue et surtout moins fatigante de moitié. Autre avantage, dès qu'on en avait atteint le sommet, on se trouvait en pleine place du Gouvernement, au milieu même des habitations ; la maison d'Apollon devant soi, les hôtels de Genève et de la Marine à droite, l'Orient et la Régence à gauche. Restait seul l'embarras du choix.

Grâce à la proximité du stationnement des barques et aux agréments du trajet, c'était à qui ferait escorte aux voyageurs, c'était à qui les irait accueillir ou reconduire sur le quai. Aussi, quantité d'amateures s'y portaient-ils à chaque départ comme à chaque arrivée de bateau. Pour la moindre connaissance, pour le parent le plus éloigné, vite on dégringolait la rampe. Un ami, dont l'arrivée douteuse encore ne pouvait, dans tous les cas, avoir lieu que dans cinq ou six semaines, donnait prétexte à vingt voyages. Qui sait ! le hasard, l'aventure, et puis si peu de peine, tant de plaisir même ! Certains Algériens de ma connaissance avaient fini par prendre l'habitude d'y venir sans autre motif que leur agrément personnel. A toute heure et pour tout bateau, même à l'aube, même à la nuit, voire pour le service d'Oran ou de Bône, on les voyait accourir, la canne en main, la cigarette aux lèvres, l'œil curieux, l'air enchanté.

Cet heureux temps n'est plus. Jalouse de Bordeaux, Cherbourg, Marseille, Toulon et autres ports de mer civilisés, la capitale de l'Algérie s'est récemment donné le luxe d'un débarcadère normal. Des bateliers spéciaux sont chargés, comme à la Joliette, de vous extraire du paquebot et de vous amener au quai. Là, toujours à l'instar de la métropole, on vous invite à passer, pour l'examen de vos mouchoirs et de vos gilets de flanelle, à travers les corridors d'une douane monumentale. Entré par la porte de mer, vous ressortez par celle de terre où des calèches et des omnibus rangés en ordre vous attendent. Qu'est cela? Dieu clément! après tant de tours de roue, roue de vagon, roue de bateau, ne sommes-nous point arrivés? Le chemin qui nous reste à faire est-il donc encore si long pour qu'il y faille une voiture?

La hauteur du viaduc qui se dresse perpendiculairement devant vous, la confusion des rampes et des bastions qui bouleversent vos idées sur la voirie et la topographie, les rares toits de maisons qui, fastueuses, rébarbatives, pointent derrière le rempart, sont peu faits pour vous rassurer. Timide, riche, obèse ou chargé de bagages, vous prenez une voiture. Rien de mieux alors ; si quelque chose peut être loué sans réserve au boulevard de l'Impératrice, ce sont les rampes. Doucement inclinées, cailloutées avec soin, rarement encombrées, journellement arrosées d'eau de mer pendant les temps secs, et dominant, dans tout leur parcours, la vue du golfe et des montagnes, elle sont pour le voyageur un supplément de trajet aussi rapide qu'agréable.

Si, particulier économe, touriste aventureux ou colon rompu dès longtemps au dédale des bastions, des escaliers et des rues, vous préférez finir à pied le voyage, ce n'est point une mince affaire. Que vous preniez le bastion du Palmier, du Théâtre ou de la Pêcherie, il vous faut d'abord traverser en diagonale, au milieu d'embarras sans nombre, une vaste étendue de quais. Ici, des troupeaux, des moutons, des bœufs ou même des chameaux, des montagnes de sacs, des régiments de tonneaux, barrant votre chemin, vous forcent à de longs détours ; là, des nuages de plâtre, des flaques d'eau bourbeuse et des traînées d'immondices vous souillent des pieds à la tête. Bien heureux si quelque madrier inopinément dérangé ne vous fauche pas les jambes, ou si, heurtant une amarre, vous ne faites un plongeon dans l'eau fraîche, il est vrai, mais peu claire des bassins.

Vous avez choisi, je suppose, l'escalier de la Pêcherie ; c'est encore aujourd'hui le plus communément fréquenté. Cent marches à monter, raides, étroites, inondées de soleil, avec un appui, mais trop haut, et dont les quatre paliers, loin de procurer le moindre repos, ne font au contraire, avec leurs tournants brusques, inattendus, où tant de nez se cognent et d'épaules se heurtent, qu'augmenter votre fatigue. Cela paraît d'un long, et d'un nauséabond surtout ! Car ces vastes paliers, dallés de carreaux blancs et bordés de riches balustres, ne sont pour la plupart, dans leurs angles notamment, que de révoltantes sentines.

Si vos affaires vous appellent du côté de Bab-el-Oued, vous pouvez raccourcir en traversant la Pêcherie. L'aspect des espadons sanguinolents, des langoustes pantelantes, des poulpes horripilants, ne manque pas de cachet. On trouverait difficilement ailleurs de plus beaux cris répercutés par des voûtes plus sonores ; mais gare les poussées, gare les flaques d'eau, gare ces ruisselets qui coulent insidieusement à l'angle de chaque étalage.

Après la cour profonde et néanmoins brûlante, voici l'ancienne rampe, plus régulière maintenant, plus droite, plus architecturale, mais sans horizon, sans désinvolture, et privée, sinon tout à fait, au moins en grande partie, des singuliers traficants qui la remplissaient autrefois. C'est, m'a-t-on dit, pour favoriser, sous les voûtes, l'établissement des magasins, cabarets et cafés dont nous voyons aujourd'hui la piteuse ordonnance, que l'on a diminué la pente de la voie et dû conséquemment la terminer, au sommet, par deux nouvelles séries d'escaliers. La belle avance, et que d'argent perdu ! Tout escalier, même le plus doux, est toujours un ennui, un obtacle, un épouvantail. Et si les susdits magasins, cabarets et cafés périclitent aujourd'hui, s'ils n'attendent que la fin de leurs baux pour vider les lieux, ou du moins exiger de la ville un notable rabais, ce n'est pas seulement aux nouveaux passages-bastions, mais encore et surtout peut-être à ces maudits escaliers qu'il faut s'en prendre. Règle générale, partout où la rampe est possible, l'escalier sera toujours un contre-sens. Eh quoi ! l'on monte à cheval, en voiture même, par une pente commode, au campanile de Saint-Marc, qui mesure quatre-vingt-dix mètres de haut, à la boule de Saint-Pierre qui perche à cent-vingt mètres dans les nues, et l'on ne peut approvisionner qu'à dos d'homme la poissonnerie d'Alger !

La conduite aux amis qui partent, l'aller au devant de ceux qui reviennent est devenue doublement pénible depuis que, contrairement au vœu de la population tout entière, la Douane et les Messageries ont établi leur siége entre les deux bassins. J'ai dit la longueur et les embarras du trajet. Si l'on pouvait encore, là bas, se reposer à son aise en attendant le départ ou l'arrivée des bateliers ! Mais pas un banc, pas un abri. Force est de rester debout, se morfondre à la pluie, ou rôtir aux rayons particulièrement incendiaires d'un soleil reflété par les mille facettes des flots.

Restait naguère, pour ceux que la descente au quai rebutait, la ressource de suivre des yeux, en se postant à la balustrade, les détails du départ ou les surprises du débarquement. Impossible, depuis que ces maudits *siéges* ont masqué de leurs toits aigus la plus intéressante partie du rivage.

Je me suis bien escrimé contre eux, dans le temps, c'est une justice à me rendre. J'ai fait d'abord chorus avec les confrères qui, dans la presse algérienne, unanime sur ce point, s'opposaient à leur construction. Les voyant fonder nonobstant, j'ai demandé que, pour le moins, ils offrissent aux promeneurs du boulevard un coup d'œil agréable. On sait le reste. Eh bien ! je leur pardonnerais encore, à ces obstinés, ces intrus, s'ils voulaient seulement entourer leurs murs fastidieux d'un vaste péristyle qui, haut perché sur colonnettes, offrirait au public, aux passants, aux manœuvres, si nombreux en cet endroit, un refuge contre la pluie, un abri contre le soleil. Les deux étroites galeries dont la Douane nous a gratifiés, ne suffisent vraiment pas. Elles sont déjà loin des bassins, et le moindre rassemblement suffit pour les encombrer. Des bancs seraient établis sous les péristyles. Combien de femmes, de vieillards, de malades n'ai-je pas vu, pendant les longueurs de l'attente, obligés de s'asseoir sur un tonneau poudreux, sur une caisse humide, sur une borne, sur un câble, sur les dalles même du quai, par terre !

Quant aux paliers de l'escalier-bastion dit de la Pêcherie, pour en éloigner les ordures, je ne vois pas de meilleur moyen que de les garnir de bancs. Le banc est un préservatif plus sûr que tous les écriteaux du monde, même les plus comminatoires. Si grossier que soit un homme, il respectera l'endroit, solitaire pour l'instant, où tout à l'heure il a vu des personnes assises, où lui-même bientôt peut-être, il va venir se reposer.

Enfin, dans la cour de la Poissonnerie, si nue, si pleine de soleil, pourquoi ne planterait-on quelques arbres ? Leur feuillage non-seulement ombragerait allants, venants, marchands et chalands, mais de plus il contribuerait à rafraichir et assainir l'air si suspect de ces parages. Il n'est point de détails frivoles aux yeux d'une administration diligente, et si le bon aspect d'une ville peut, à distance, lui valoir nos sympathies et notre amour, combien, à plus forte raison, les agréments de son accès, les charmes de son vestibule nous préviendront en sa faveur !

V

LA PLACE DU GOUVERNEMENT

Si j'avais l'avantage de compter au nombre des vieux Algériens, je voudrais écrire en deux tomes, illustrés comme il faut, l'histoire anecdotique, satirique et drôlatique de la place du Gouvernement. Que d'épisodes, de tableaux, d'enseignements, de leçons ! Je montrerais d'abord, entouré de ses masures, et sa petite fontaine au milieu, l'humble carré de six à huit mètres qui, successivement agrandi, devait bientôt devenir le théâtre de nos loisirs, de nos cérémonies, de nos fêtes, le vrai *forum* de la colonie.

Dès janvier 1832, un arrêté déjà en fixait les limites. Six mois après, la mosquée Saïda, dont les élégantes colonnes décorent aujourd'hui la rue de la Marine, disparaissait pour faire place aux nouveaux alignements, et les baraques, les cabarets, les revendeurs ambulants, hôtes obstinés de ces lieux, se voyaient rejetés au faubourg Bab-Azoun. Je dirais l'étonnement des indigènes à l'aspect du premier tonneau d'arrosage qui, le 14 juillet de la même année, répandit sur le sol poussiéreux de la nouvelle place les douches rafraîchissantes de sa pluie artificielle, et la joie des promeneurs cossus à l'apparition des premières chaises publiques.

Peut-être glisserais-je un tantinet sur les spéculations, adjudications, arrêtés qui présidèrent à la construction des bâtisses riveraines. Cathédrale qui prétendais trôner au centre, en face de la mer, et sauver de la destruction la pittoresque mosquée des Ketchaoua, théâtre qui te flattais d'occuper, à côté, l'emplacement ravi depuis par l'hôtel de la Tour-du-Pin, vous avez, affirme la chronique, de trop graves choses à dire pour que mon crayon badin s'en puisse faire l'interprète.

Que de récits curieux me fourniraient, en échange, les plantations des arbres qui, blâmés par les uns, approuvés par les autres, se sont si vite succédé le long des trois côtés bâtis, depuis la maison d'Apollon jusqu'à la galerie Duchassing! En 1841, les orangers;

trois ans après, les bellombras ; en 1853, les platanes qui nous ombragent maintenant ; sans compter le peuplier et, son successeur éphémère, le mûrier de la liberté.

Et puis, que de chapitres encore pour l'érection de la statue, l'installation des bancs, l'inauguration du gaz en 1852, les fêtes de juillet sous la royauté, et du 15 août sous l'empire ; les revues, les obsèques, les processions ! La monographie de la place du Gouvernement, c'est, à vrai dire, l'histoire de la ville d'Alger tout entière.

Que je l'ai donc aimée, que je l'ai donc idolâtrée, avant les remaniements qui l'ont, depuis deux ans, défigurée, cette excellente place ! Voulait-on voir passer le monde, être soi-même vu, rencontrer des amis, on se promenait, en temps de soleil, à l'ombre des arbres, en hiver ou les soirs d'été, sur le ciment du milieu net et battu comme l'aire d'une grange. Et toujours on trouvait les personnes désirées. Quel autre lieu fréquenter en effet ? C'était le seul rendez-vous possible, le seul centre d'affaires, de flânerie et de plaisir. Médiocre d'étendue et de population, Alger réunissait ainsi, sur la place du Gouvernement, l'aspect et les avantages d'une grande capitale.

Voulait-on s'arrêter et causer tranquillement à l'écart,

méditer, lire assis ou contempler la mer, on s'approchait de la balustrade de pierre. Point de chaussée poudreuse ou fangeuse à traverser, point de voitures ou de chevaux à craindre. Peu de distance, c'était à deux pas. Et là, comme pour faciliter plus encore l'observation, un haut et vaste trottoir dominait à la fois l'intérieur de la place et cette baie magique avec laquelle le Bosphore et le golfe de Naples oseraient seuls rivaliser. Les colonnes de la balustrade étaient assez basses et la tablette qui les surmontait assez large pour qu'on pût commodément s'y percher, ressource précieuse pour cette classe de gens que n'asservissent point les exigences d'un vain décorum.

Les jours d'arrivée du courrier, c'est-à-dire au moins trois fois par semaine, ce coin devenait, pendant cinq heures, un véritable champ de foire. On s'y pressait d'abord pour observer la drisse du phare. Soudain apparaissait, avec ses angles rouges et ses initiales noires, le pavillon tant désiré. Une joyeuse clameur le saluait, et, bien que deux grandes heures dussent s'écouler encore avant l'apparition du messager, on se faisait un plaisir de l'attendre. Les conversations alors de s'engager avec cette intimité qu'inspire une félicité publique, les cigares de brûler avec un surcroît d'ardeur, les yaouleds, juifs, Espagnols, Maltais, de courir par les groupes, offrant avec un redoublement d'insistance portes-monnaie, cacahouet, rubans, crayons et sucre d'orge.

A peine le massif du Pegnon dépassé, le bateau devenait l'objet d'un déluge de commentaires : C'est l'*Euphrate* ; c'est l'*Indus*. Comme il marche bien, comme il tangue ! Il est vide, il est chargé. Que de monde ! Ah ! voilà qu'il s'arrête et reçoit le pilote. Il double le musoir... Et les fanatiques de descendre pour voir de plus près le débarquement. Pareille scène à chaque départ de bateau. Mais où la foule prenait les proportions d'une émeute, c'est lorsque la mer furieuse lançait par-dessus les jetées ses vagues frangées d'écume, et poussait d'abime en abime les rares embarcations demeurées imprudemment dans le golfe.

L'été, pendant la musique du soir, alors que le monde dit beau se pavane sur les chaises à dix centimes, et que les menus flâneurs, les artisans à travail sédentaire se pressent autour de l'orchestre, les soldats, les biskris, les gens de fatigue active, assis sur la balustrade, y formaient une longue file de têtes et de pieds alignés non moins édifiante que curieuse à considérer. Autant de pris, en effet, aux émanations délétères et aux passe-temps abrutissants du cabaret, autant de gagné par contre à la saine action du grand air et aux bienfaisants accords de la symphonie.

Lorsque fut commencé le boulevard de l'Impératrice, et que les plans de cette œuvre colossale circulèrent dans le public, je jugeai, du premier coup d'œil, que la place du Gouvernement y perdrait beaucoup de son charme, que l'aspect de la mer, notamment, dont elle ne jouissait déjà qu'à demi, lui serait ravi tout entier. Je mis donc à profit l'hospitalité que me donnait, dans ses colonnes, un des journaux de la colonie, pour rappeler aux Algériens les avantages de la mer, et supplier l'autorité d'intervenir auprès des architectes : Les compagnons d'Hercule, disais-je, voilà des gaillards qui n'ont sans doute jamais entendu grand'chose à ce qu'on appelle aujourd'hui la civilisation. A n'en juger que par leur chef, ils ne connaissaient guère d'autre vêtement qu'une peau de bête, d'autre argument qu'une massue, d'autre ambition que de terrasser des animaux féroces.

Eh bien ! quand, un beau jour de l'an... (?), il leur prit envie de se fixer en Afrique où les avait poussés leur vagabondage, ce n'est pas une belle forêt, ce n'est pas une riche plaine, ce n'est pas un riant vallon qu'ils choisirent, mais le rivage abrupt, et sur ce rivage une colline assez haute et assez déclive pour que, de sa maison (ou de son trou), chacun pût bien voir la mer. Icosium était fondé.

Lorsque plus tard, vers 650, les Arabes, gens encore passablement raboteux, s'il faut s'en référer à l'histoire, envahirent le nord de l'Afrique, ils n'eurent rien de plus pressé que de prendre, à Icosium, la place occupée primitivement par les compagnons d'Hercule. Et bientôt El-Djézaïr étala, sur le flanc occidental du Sahel, le gigantesque escalier de ses blanches terrasses.

Les Français, qui comptent dans leurs annales la Renaissance, le grand siècle et le romantisme, ne pouvaient faire moins que les disciples du prophète et les acolytes d'Alcide. Sur El-Djézaïr, ils greffèrent Alger.

L'eau est ce qu'il y a de plus grand, a dit Pindare. Inutile de vanter la beauté du golfe d'Alger. Les sauvages d'Hercule, les forbans de Barberousse, les aventuriers de 1830 l'ont assez comprise. Architectes, génie, édiles de notre ère de lumière et de progrès, ajoutais-je, vous montrerez-vous plus barbares qu'eux?

Je conseillais, en finissant de profiter du bouleversement général de ce quartier d'Alger pour remanier le sol de la place du Gouvernement. On l'eût doucement incliné vers la mer, comme, par exemple, l'allée des bellombras au jardin Marengo. Trois ou quatre marches, en outre, l'eussent maintenu en contre-haut du boulevard qui, de la sorte, abaissé de plusieurs mètres, eût diminué d'autant l'effroyable hauteur de l'escalier de la Pêcherie, et évité la double inclinaison qui rend ses lignes si disgracieuses depuis la grande mosquée jusqu'à l'hôtel d'Orient. Un balustre de pierre ou des bancs eussent séparé la place du boulevard et sans autre inconvénient, pour les deux rues qui longent le café de la Bourse et le square de la Tour-du-Pin, qu'une pente fort praticable.

Reviser des plans, et pour qui? pour un rêveur, un artiste, un poëte, fi donc ! Au moins, demandais-je, au moment où, le gros œuvre achevé, l'on s'occupait des installations de détail, rendez-nous quelque chose d'équivalent à la bonne balustrade que vous avez condamnée. Comment s'asseoir désormais ? Le trottoir qu longe la rampe et la cour de la Pêcherie ne sera jamais, je le prévois, que médiocrement fréquenté; il se trouve en dehors de toute direction importante. Au lieu d'une balustrade, que ne construisez-vous, pour le garer du précipice, une longue banquette adossée, soit en maçonnerie, soit en pierre de taille ? Palerme pour sa Marinella et Naples pour sa Villa-Reale, ont adopté de pareilles banquettes, et ce n'est point, je vous assure, un des moindres agréments de ces splendides cités. Deux ou trois cents personnes y pourraient trouver place, et la tenue d'une population malheureusement trop encline à se vautrer dans la fange en serait sensiblement améliorée.

Je fis plus que d'écrire, j'endoctrinai l'architecte de la ville, j'agis directement auprès d'un des membres les plus influents de la Commission municipale, son président, M. le maire ! J'y mis un feu ! Ma fortune et ma vie semblaient vraiment dépendre d'un oui ou d'un non. Rare exemple de condescendance, l'amendement fut adopté. Mais hélas ! une autorité supérieure, dans les environs de la préfecture, ai-je su, traita de fantasia ce chapitre des travaux de la Commission ; il fut impitoyablement rejeté.

Sans vouloir ici contester l'avantage de ces grands quais, de ces longues rues, de ces vastes places qui tendent insensiblement à faire d'Alger-la-Blanche, l'Extraordinaire, l'Unique, une ville comme toutes les autres, je puis bien chanter le *de profundis* de la place du Gouvernement. La place !... mais ce n'est plus, à proprement parler, qu'un passage. Ouverte de quatre côtés, elle produit l'effet de ces chambres perfides livrées à tous les courants d'air. On éprouve, à s'y arfêter, je ne sais quel malaise ou du moins quelle inquiétude. Aussi, nombre de ses fidèles l'ont-ils maintenant désertée.

Ces chaises que, l'été dernier, on alignait, le soir, en double rang devant le cavalier de bronze, que de fois je les ai vu attendre vainement, jusqu'à des neuf et dix heures, leurs pratiques réfractaires. Et pour ma part, au lieu d'accepter ce site déshérité, déprimé, solitaire et médiocrement éclairé malgré ses nouveaux becs de gaz, j'allais m'asseoir à quelques pas de là, soit au pied d'un platane, soit sous les bambous.

La nouvelle chaussée qui passe derrière la statue gêne énormément le promeneur. Ce sont effectivement, outre la boue, la poussière et les inégalités de terrain, des passages de voiture d'autant plus dangereux qu'ils sont moins continuels. Puissance de l'habitude ! on marche comme autrefois, sans hâte, sans défiance, l'ouïe distraite, l'œil perdu ; pif ! paf ! gare ! balek ! les chevaux sont déjà sur vous. Et, de là, mille accidents.

Mes prévisions, relativement à la balustrade qui borde ce chemin malencontreux, ne se sont que trop justifiées. Vu son exposition commode, elle devait immanquablement servir, comme la précédente, de point de mire aux prolétaires fatigués. On a refusé mon projet de banc continu. La tablette étroite, vertigineuse, ne permet plus de s'asseoir qu'au risque de tomber et de se rompre les os. Qu'arrive-t-il ? Les vagabonds, les pauvres, les ivrognes s'étendent sur le trottoir, non pas seulement en long mais encore et surtout en travers, la base du balcon leur servant d'oreiller. J'en ai compté jusqu'à trente à la fois. Et si, même à l'heure où j'écris ces lignes (2 décembre, en plein hiver), messieurs de l'autorité daignaient venir en cet endroit pour s'assurer par eux-mêmes du résultat de leur chef-d'œuvre, ils y verraient étendu, malgré les prohibitions, inhumaines en ceci, de notre police voyère, tout un peuple où la gent pouilleuse n'est pas seule représentée.

Quant au nouveau point de vue qui remplace l'ancien observatoire si près, si pratique, si fréquenté de la balustrade de pierre, il est fort reculé maintenant. Il faut, pour parvenir au parapet, traverser tout un carrefour dix fois plus dangereux que la rue dont je parlais tout à l'heure. Le besoin d'un refuge, comme Paris en garnit ses incommensurables places, s'y fait réellement sentir. Singulier revirement, et que c'est bien le cas de citer ici le proverbe : Souvent la peur d'un mal fait tomber dans un pire ! Jadis nous manquions d'espace ; nous en avons trop maintenant.

Tout se transforme, tout change. Paris a remplacé Babylone ; la locomotive glisse aux lieux où cahota si longtemps la patache. A la place du Gouvernement succède le boulevard de l'Impératrice que d'autres lieux sans doute un jour détrôneront. Soit ; mais une pension de retraite, un souvenir de gratitude bien dû, ce me semble, à cette pauvre place qui si longtemps fit nos délices et contribua, non moins que le climat peut-être, à renommer l'hivernage algérien, ce serait de la borner, le long des chaussées nouvelles, par de larges bancs de pierre. Ces bancs, très rapprochés et ne laissant entre eux que des passages de deux ou trois mètres, lui rendraient en partie, je crois, son individualité, sa vie propre. Ils la cloraient ; ils offriraient, en outre, certains avantages matériels et moraux qui, vu leur importance, méritent d'être analysés à part. Tout un chapitre pour des bancs, quelle futilité ! direz-vous. Pardon ! dans une municipalité bien réglée, les petites choses n'importent pas moins que les grandes. On se base sur elles pour juger du reste. A quoi se reconnaît la femme vraiment comme il faut ? Est-ce à la robe de velours, est-ce au cachemire de l'Inde ? Non ; j'ai vu ses gants, ses bottines ; suffit.

VI

MÉMOIRES D'UNE STATUE

L'homme est fait de terre, soit, mais de terre pétrie d'orgueil. Il a divisé les êtres en trois règnes, et non content de se placer, pour les qualités physiques, à la tête du premier, il s'est, quant au surplus, mis hors ligne en vertu d'une faculté qu'il appelle « la raison. » O déraison ! A-t-il donc été lézard, tulipe, oxigène, pour savoir s'il n'existe point ici-bas des propriétés supérieures à cette prétendue raison dont, après tout, le plus clair résultat est d'augmenter ses souffrances ? Non, non, tous les êtres sont égaux devant la nature, et si quelqu'un devait le céder aux autres, ce serait précisément toi, créature débile, infime réceptacle de tous les maux de la pensée unis aux tortures du corps !

Les animaux, qu'ils marchent ou qu'ils rampent, qu'ils nagent ou qu'ils volent, sont tous également traités, quoique diversement partagés au grand banquet de l'existence. L'homme, le ver, l'oie, le brochet sentent, souffrent, jouissent au même degré, sinon de manière identique. Ce que l'un perd d'une part, il le récupère de l'autre.

Les végétaux ont, à leur impuissance locomotrice, des compensations inconnues, et les rapports du pissenlit avec l'ensemble de la création ne sont pas moins parfaits que ceux de Sa Grandeur monsieur l'homme avec le susdit ensemble. L'ouïe, la vue, l'odorat, le goût sont remplacés, chez le premier, par des sens dont le second ne peut pas plus se faire une idée que l'aveugle-né des couleurs.

Les minéraux, qui semblent privés de vie, ont, au contraire, avec la nature, les relations les plus actives. Le magnétisme, la lumière, la chaleur, l'électricité correspondent, chez eux, à des organes tout particuliers, et leur donnent des facultés insaisissables à l'esprit humain. Le cuivre, par exemple, voit, perçoit, sent, comprend tout différemment sans doute, mais non moins parfaitement qu'un bimane. Il a, comme lui, son intelligence, ses instincts, ses passions.

Ce n'est donc point avec indifférence que moi, cuivre, j'entendis, un matin, le fondeur dont ma masse occupait les ateliers, déclarer que j'allais recevoir deux pour cent d'étain, un de plomb, six de zinc, et passer conséquemment à l'état de bronze. Je m'ennuyais en lingot. Un changement ne pouvait qu'améliorer mon sort. J'acceptai joyeusement celui qui se préparait. Mon bonheur cependant n'était point sans mélange ; j'avais si peur que l'on ne fît de moi des canons, une cloche, de la monnaie ! Canon, me voyez-vous confiné, des siècles durant, au fond d'une casemate, derrière les épaulements d'un rempart, sans autre distraction que des artilleurs faisant l'exercice, sans autre avenir qu'un boulet à lancer tous les cinquante ans ! Cloche, le beau plaisir que de passer ses heures à sonner des naissances, des baptêmes, des obsèques ! Monnaie, l'ignoble emploi : servir à des gamins pour jouer au bouchon, ou passer incessamment d'une bourse banale en un gousset crasseux au profit des plus misérables besoins. Pouah !

Sur ces entrefaites, le 15 juillet 1842, un prince favorisé de tous les dons de la naissance, de la jeunesse, de la fortune, et destiné à occuper l'un des plus beaux trônes du monde, mourut subitement d'une chute de voiture.

Ce prince avait puissamment contribué à la conquête et à l'organisation de l'Algérie. Il avait, en 1835, sous les ordres du maréchal Clauzel, pris part à l'expédition de Mascara, et renouvelé, dans cette campagne, les preuves de courage qui signalèrent, peu d'années auparavant, sa coopération au siége d'Anvers. Tout en payant bravement de sa personne aux combats de l'Affroun, de l'Oued-Ger et du bois des Oliviers, à la prise de Médéa, à celle du Teniah de Mouzaïa où il commanda la colonne d'attaque, il s'était activement occupé des intérêts des colons dont l'avenir ne sembla peut-être jamais mieux assuré qu'à cette époque.

Aussi les Algériens, qui, comme tous les peuples, ont leurs imperfections, mais dont les défauts, pour grands qu'on les veuille dire, sont amplement rachetés par de solides qualités du cœur, résolurent-ils spontanément d'offrir à l'illustre victime un témoignage éclatant de leur admiration et de leur reconnaissance.

Une Commission fut nommée suivant l'usage. Seize membres la composèrent, et le général Bugeaud, gouverneur, la prit sous son patronnage. Un homme, débutant alors dans la mission civilisatrice à laquelle il doit aujourd'hui, après vingt années de travaux, une vieillesse entourée d'affection, d'estime et d'honneurs, le baron de Vialar en faisait partie. Le buste manque de noblesse ; les pyramides sont passées de mode. On n'avait guère à choisir. Une statue fut proposée.

« L'Algérie a perdu son plus ferme soutien, l'armée le plus juste appréciateur de ses services et le plus zélé défenseur de ses droits, dit fort élégamment le rapporteur. Quels lieux de l'Algérie n'a-t-il pas visités, tantôt traversant les provinces et franchissant les Bibans à la tête de l'armée, tantôt parcourant les fermes, les ateliers de travail, et faisant lui-même l'enquête des besoins, des revers, des succès ?

» Soldats de l'armée d'Afrique, qui croyons le voir encore parcourant les rangs avec la vigilance d'un chef et l'anxiété d'un père, ou, animé d'une noble ardeur, guidant à de nouveaux succès cette bannière que le destin jaloux ne lui a pas même laissée pour linceul ; colons de cette contrée qui entendons encore sa voix proclamant, la première, l'Algérie colonie à jamais française, et saluant Alger du nom de capitale d'une nouvelle France, de stériles regrets ne peuvent suffire à notre douleur et à notre gratitude.

» Que, sur la principale place de cette cité, s'élève son image chérie ! Que nos neveux apprennent, en la contemplant, à connaître notre bienfaiteur ! Et puisse aussi cet hommage, rendu devant un tombeau, témoigner, dans l'avenir, de la reconnaissance du Peuple et de l'Armée, et servir de haut enseignement. »

Optimè ! bravo ! vivat ! accepté ! Dès le soir même, les souscripteurs, gouverneur général en tête, affluaient. Tout le monde, soldats et colons, se fendit selon ses moyens, et, pendant plusieurs mois, la liste des offrandes prima, dans le *Moniteur*, les annonces, faits divers et publications officielles. Citer les plus forts donateurs, à quoi bon ? La générosité ne se mesure pas seulement au chiffre d'une somme. Mais qui m'empêche de rappeler certains noms auxquels l'avenir réservait des fortunes si diverses : Marengo, Bedeau, Sarlande, Daumas, Randon, Urbain, de Rumigny, Lamoricière, Changarnier !

Un bon point pour les indigènes. Ils concoururent au grand œuvre. Des caïds, cadis, tolbas, agas, bachagas mêlèrent leurs écus à ceux des notaires, bureaucrates, avoués, épiciers et tourlourous métropolitains. Les ulémas de Constantine envoyèrent notamment, avec un compliment stylé dans le goût oriental, un appoint très considérable. Si bien que, huit mois après l'ouverture de la souscription, les sommes recueillies dépassaient déjà cinquante mille francs.

On pouvait risquer la commande. Un sculpteur français du plus grand talent, le baron Marochetti, auteur du tombeau de Bellini, au Père-Lachaise, du maître autel de la Madeleine, à Paris, et d'un bas relief de l'arc de triomphe de l'Etoile, venait précisément d'achever et de livrer à l'admiration publique, la magnifique statue équestre d'Emmanuel-Philibert, duc de Savoie, qui décore aujourd'hui une des principales places de Turin. Un pendant à ce chef-d'œuvre, la séduisante perspective ! Marochetti fut chargé d'exécuter le monument commémoratif du prince regretté.

Il le représenta à cheval, dans son costume militaire, et faisant avec son épée le geste imposant du salut. Si le cheval souleva, parmi les connaisseurs qui fréquentaient l'atelier de l'artiste, un certain nombre de réclamations, la ressemblance et le bon air du cavalier obtinrent, en retour, d'unanimes suffrages.

Soyer, l'habile fondeur, fut chargé de couler en bronze le modèle de Marochetti. Ce travail demandait je ne sais plus trop au juste combien de quintaux de métal. Je les pesais précisément, et ce fut à moi que revint l'honneur de transmettre à la postérité l'effigie du duc d'Orléans.

Festin ! Noël ! comme on disait jadis. Esquivés les canons, la cloche, les gros sous. J'allais trôner superbement, en plein air, dans un pays rare et sur une place fameuse entre les mieux situées et les plus agréables du monde.

L'opération qui changeait si profondément mes destinées se fit, à Paris, dans le courant du mois d'octobre 1844, mais je ne quittai la fonderie, située rue des Trois-Bornes, que le 21 juin de l'année suivante. On m'avait, à cet effet, couvert, suivant l'usage, d'un voile qui ne devait tomber qu'au jour solennel de l'inauguration. Toutefois, je l'ai dit, c'est par des moyens diamétralement opposés à ceux dont les animaux disposent, que le minéral communique avec les objets qui l'entourent. Je pus donc parfaitement observer tout ce qui se passa près de moi durant mon emprisonnement passager.

Soixante ou quatre-vingts quintaux à mouvoir ne sont pas une mince affaire. Aussi, dut-on fabriquer une espèce de cylindre, nouvel engin auquel on a, je crois, donné depuis, le nom de *grue mobile*. Grâce à ce puissant auxiliaire, j'atteignis, au bout de la première journée, le milieu de la rue Saint-Maur. Il faisait un temps détestable : de la pluie, du vent, de la boue. Jugez, par l'échantillon, de ce climat parisien ; plein solstice d'été, une avant-veille de Saint-Jean ! Ma marche en souffrit beaucoup ; mais j'appréhendais moins encore les retards que les accidents. Mon épée recevoir un choc, mon tricorne un renfoncement, songez donc !

Le lendemain 22, je franchis le reste de la rue Saint-Maur, passai la nuit aux environs des écluses Saint-Martin, et le 23, à neuf heures du soir, j'arrivais sain et sauf au grand bassin de la Villette, côté du quai de la Loire. Le bateau transport le *Tous-Vents,* de 280 tonneaux, capitaine Lemoine, me reçut à son bord, et le 24, vers trois heures de l'après-midi, nous commencions à descendre la Seine.

Peut-être, un jour, écrirai-je les impressions de ce trajet fluvial si recherché des touristes avant que les chemins de fer n'eussent mis, pour ainsi dire, aux portes de Paris, le Rhin, la Suisse et l'Italie. Nantes, Vernon, sites charmants ; Rouen, la ville aux clochers gothiques ; Jumiéges et les ruines moussues de son abbaye séculaire ; l'église sarrazine de Caudebec ; Quillebœuf dont la marée mouille déjà les rivages ; et puis cette large embouchure, véritable mer intérieure, quels sujets variés, quels tableaux grandioses ! Ils embarrasseraient ici ; réservons-les pour un ouvrage à part. Ainsi Chateaubriand publia séparément, sous le titre d'*Atala*, le principal épisode de ses *Natchez*.

Au Havre, je quittai le *Tous-Vents* et m'installai sur le *Marsoin*, bagare de l'Etat frétée pour la circonstance. C'est là que je reçus la primeur des hommages réservés à ma nouvelle carrière. Des arbustes, des couronnes, des morceaux de poésie furent pieusement déposés sur la selle de mon cheval. Le 5 septembre 1845, jour fixé pour notre départ, le *Marsoin* se pavoisa, gagna la rade, y tira vingt et un coups de canon, et prenant le large aussitôt, il doubla le cap de Honfleur.

Notre traversée fut bonne; elle dura quatorze jours. Nous franchîmes sans encombre la Manche, le golfe de Gascogne, le détroit de Gibraltar, et le 19 dudit mois de septembre, nous étions en vue d'Alger. Nous annonçâmes notre arrivée par une nouvelle salve de vingt et un coups de canon; mais la houle qui pénétrait, en ce moment, jusqu'au fond du port, et rendait l'approche des quais difficile, me força de rester quelques jours encore à fond de cale.

Cependant le Génie, sous les ordres du général Charon, terminait les travaux relatifs à mon installation, travaux considérables au double point de vue de la difficulté et de la dépense. On avait dû, pour me faire honneur, remettre tout exprès en activité, dans la province de Bône, les carrières du fort Génois dont les marbres, jadis, étaient particulièrement estimés des Romains. Le transport de ces marbres coûta fort cher. On sait les excavations et les voûtes qui règnent sous la place du Gouvernement. Il avait fallu, pour y asseoir les fondations de mon piédestal, creuser tout au travers jusqu'à plus de vingt mètres. Enfin, le piédestal construit, le revêtir, sur ses deux grands côtés, de bas reliefs représentant les principaux faits d'armes du prince : ici le siége d'Anvers, d'après un dessin du duc de Nemours ; là le passage des Bibans.

Le 30 septembre, à neuf heures du matin, tout étant prêt pour ma réception, et la houle ayant cessé dans le port, on commença la délicate opération de mon débarquement. Je fus extrait de la cale au moyen d'apparaux adaptés aux bigues mâtées à bord d'un ponton, posé sur un traîneau solide, et tiré, par la rampe de la Marine, jusqu'auprès de mon piédestal. L'ascension, les raccords, les derniers travaux demandèrent encore dix jours, et, le 28 octobre, avait lieu mon inauguration solennelle.

Ce fut un grand jour. Dès longtemps avant l'ouverture de la cérémonie, les abords de la place étaient encombrés non-seulement par les habitants de la ville, mais aussi par le concours immense des colons et des indigènes venus de tous les points de la province.

A deux heures, les compagnies d'élite de la milice, des troupes de ligne de la garnison, des détachements des armes spéciales, l'escadron de cavalerie de la milice d'Alger grossi d'une partie de la milice à cheval de Blidah, et un escadron du 5e chasseurs venaient former un vaste carré réservé, à l'intérieur, aux autorités civiles et militaires, aux fonctionnaires de tout grade et à toutes les administrations.

A trois heures, le cortége s'avançait guidé par le lieutenant général de Bar, qui présidait la cérémonie en l'absence du maréchal Bugeaud. On y remarquait, en outre, des fonctionnaires de tous les services, l'évêque Dupuch accompagné de son clergé, les consuls des diverses puissances, les officiers anglais de la corvette à vapeur le *Geyser*, les muphtis et cadis d'Alger, et enfin une grande partie des maires des communes de la province qui, la plupart récemment institués, figuraient pour la première fois dans une solennité publique.

Dès que les membres du Conseil supérieur et ceux de la Commission de souscription eurent pris place auprès du piédestal, le lieutenant général de Bar et le comte Guyot, directeur de l'intérieur, firent chacun, en langage choisi, l'éloge du prince défunt, après quoi je fus dépouillé de mon voile au milieu d'acclamations renforcées par les fanfares des régiments et les détonations de l'artillerie. La foule des fonctionnaires se rangea autour de moi, et les troupes du carré défilèrent en me présentant les armes.

Jamais sans doute Alger qui, par sa position en amphithéâtre et son beau ciel, se prête si bien à toutes les splendeurs de la mise en scène, n'avait offert un plus magnifique coup d'œil. D'un côté, la place avec ses acteurs chamarrés, ses spectateurs bariolés, et moi les dominant tous de mon imposante masse ; de l'autre, la ville avec ses populations étagées sur les toits et les terrasses, depuis la Jénina jusqu'à la Casba, offraient un spectacle rempli de mouvement et de grandeur.

Les effigies de souverains sont exposées aux soubresauts de l'opinion publique. Jadis, à la chute du principe gouvernemental qui leur avait donné naissance, on les renversait, mutilait, traînait aux gémonies ; de nos jours, plus clément, on se contente de les descendre à la cave. C'est tout profit. Que de revirements imprévus ont, depuis cinquante ans, rétabli des systèmes condamnés au bannissement perpétuel !

La durée moyenne du bronze politique est, toutefois,

encore assez gentille. Si Charles X a passé vite, voyez, en revanche, Henry IV. Je comptais donc sur une longue et tranquille possession de ma place, lorsque soudain je fus troublé par des rumeurs inquiétantes. Un changement profond s'était opéré dans le gouvernement de la France. La famille du prince que je représentais avait dû prendre le chemin de l'exil, et comme si la prescription eût jamais concerné les dettes du cœur, on ne parlait rien moins que de me renverser.

Le 2 mars, dans un cercle de démocrates, un conseiller de Cour d'appel fulmina contre moi toutes sortes d'horreurs : j'étais un anachronisme, un legs de la tyrannie, un outrage à la liberté, que sais-je. A bas la statue du duc d'Orléans !

Cette motion n'eut alors, auprès des assistants, qu'un très médiocre succès. Elle fut même relevée par la presse coloniale plus noble, plus brave, en cette occasion, que nombre de journaux métropolitains : Si, pour faire honneur à chacun des gouvernements qui se sont succédé depuis un siècle, on avait agi de la sorte, que resterait-il aujourd'hui de ces bustes, de ces colonnes, de ces temples, de ces monuments qui sont l'iconographie sculpturale de nos annales et le témoignage authentique de notre génie, de nos succès et de nos gloires ? Inscrirons-nous, dans les fastes de notre Algérie, un acte digne du temps des Vandales ?

Bien dit. Chacun prêche pour son saint, d'accord ; mais, tout intérêt personnel écarté, je crois que, malgré les sarcasmes dont certains critiques se plaisent à poursuivre, depuis quelque temps, ce qu'ils appellent l'épidémie du marbre et du bronze, on ne saurait trop encourager la profusion des statues. Quel plus bel ornement sur une place, une façade, un pignon ? Et puis, si la crainte de Dieu est, pour l'individu, le commencement de la sagesse, les hommages rendus à la mémoire des grands hommes ne prouvent-ils pas, chez un peuple, la générosité du cœur et l'élévation du caractère ? Rome, la Grèce, l'Egypte n'eurent jamais plus de statues qu'aux jours de leur prospérité.

Je n'étais pourtant pas encore sauvé du danger. Les partisans de l'iconoclaste, encouragés par l'attitude ambiguë du nouveau pouvoir, se ruèrent quelques jours après, sur la place, avec des madriers et des apparaux destinés à me détrôner. Qu'allait faire, en cette conjoncture, la foule des curieux accourue, de son côté, de tous les points de la ville ? Laisserait-elle emporter ce cavalier qui représentait, pour beaucoup, de sympathiques souvenirs, et dans lequel chacun voyait sa quote-part de souscription ? Il n'y eut point d'hésitation là-dessus. La foule, en un instant, se jeta sur les madriers et les précipita dans la mer.

Cependant, quelques citoyens (terme favori de l'époque) se rendaient chez le gouverneur et réclamaient, en ma faveur, son intervention souveraine. Le général Cavaignac, fort embarrassé, comme bien on pense, répondit, pour tout concilier, qu'il en réfèrerait au gouvernement provisoire, et attendrait des ordres à ce sujet. En telles occasions, gagner du temps c'est tout gagner.

Je pouvais craindre encore, deux ou trois mois après, que le zèle des courtisans ne reprît en sous-œuvre la tentative avortée des révolutionnaires. Il n'en fut rien, et pour le plus grand honneur des colons, je demeurai sur mon piédestal, présidant à la proclamation de l'Empire comme j'avais assisté naguère à l'inauguration de la République. L'histoire enregistrera ce fait au nombre des plus méritoires, et quant à moi, depuis lors, je ne me regarde plus seulement comme l'image d'un prince illustre, mais aussi comme un témoignage matériel du bon sens et du grand cœur des Algériens.

Malgré la magnifique situation des fenêtres, des balcons et des terrasses qui dominent, de trois côtés, la place du Gouvernement, nul spectateur n'a pu mieux que moi, je suppose, jouir des scènes mémorables dont cet endroit, après la révolution de février, est devenu coup sur coup le théâtre.

Ce fut d'abord, le 2 avril, un banquet dit tour à tour civique et patriotique (on a discuté la nuance). Trois francs par tête, deux mille couverts. Des tables en bois blanc, sans nappes ni serviettes. Un menu.... de quoi mettre Brillat-Savarin et le baron Brisse en fuite. Jugez-en : pour chaque groupe de vingt convives, dix oranges, dix morceaux de viande, dix *item* de jambon, deux assiettes de radis, deux *item* de biscuits, de la salade et du fromage. Mais, après tout, n'était-ce pas là plutôt une œuvre d'apaisement et de conciliation, qu'un appel à la goinfrerie ?

Des blouses, des redingotes, des soutanes, des mantes, des uniformes, des burnous, toutes les classes de la société (bourgeois, soldats, fonctionnaires, y compris l'évêque et le gouverneur) toutes les races de la la colonie (Français, Maures, juifs, Espagnols, Maltais) se coudoyaient, se pressaient à ce repas homérique. Deux orchestres lui versaient les flots d'une harmonie mêlée de doux accents et de mâles accords (la *Marseillaise, Indiana, J'ai du bon tabac,* le *Chant du Départ*). Et, morceau capital, couronnement obligé, sur une estrade élevée tout près de mon piédestal, douze orateurs firent alternativement l'éloge du nouvel état de choses (Au progrès social ! Au peuple français, au peuple réformateur ! La république est le fruit de sa bravoure, la liberté n'a pour guide que son courage, la fraternité est née dans son sein, l'ordre social est émané de sa raison !).

J'ai vu les acteurs les plus chauds de ces agapes populaires en renier plus tard le souvenir. Faiblesse, sottise, orgueil ! Est-ce que les individus n'ont pas, comme les masses, leur regain de jeunesse et leurs heures de fièvre ? L'homme échapperait-il au sort du genre humain ? Quoi de moins répréhensible d'ailleurs : avoir chanté, aimé, espéré ? Le trop de confiance, d'indulgence, de bonhomie ne vaut-il pas mieux que l'excès contraire ? O stoïques ! ils se disent plus que le bronze, et ils font tout pour lui ressembler.

Ce fut ensuite, quelques jours après, la plantation d'un arbre de la liberté. J'étais maintenu, soit, mais je devais accepter un rival. On l'alla chercher au jardin d'Essai, et lorsque la garde nationale, la cour en grand costume, les administrations civiles avec le gouverneur en tête se furent assemblées près de moi pour le recevoir, on nous l'apporta pomponné, enguirlandé, pavoisé, surmonté même, je crois, du symbole écarlate de 93. Monseigneur le bénit...

Eternel remous des passions humaines ! le soir même, une émeute contestait au nouvel élu l'ortodoxie de son costume. Vive le bonnet rouge ! criaient les uns. A bas ! ripostaient les autres. Ceux-ci, toutefois, l'emportèrent ; le tricot phrygien disparut décroché par un gamin fort en mât de cocagne.

Mais ce n'était là que le commencement des épreuves qui devaient, moins de neuf mois après son installation, envoyer dans l'autre monde mon malheureux acolyte. Planté sur une voûte, dans un sol caillouteux, il avait beau pencher, en signe de détresse, ses branches desséchées et ses feuilles flétries, pas une main compatissante pour lui faire la charité d'une poignée de terre ou d'une goutte d'eau. Soyez donc bénit, soyez donc emblême ! Bien pis, les ivrognes, les chiens errants l'abreuvèrent d'ignominies jusqu'au jour où le bûcheron le débita, mit en fagots et remisa, comme bois à brûler, dans le hangar municipal. Je ne blâme ni ne loue, je constate. Le bronze est curieux ; les scènes de la rue l'intéressent, l'amusent ; mais il n'a pas d'opinions. A quoi lui serviraient-elles ?

Les grands spectacles sont finis. A part les fêtes qui marquèrent le premier voyage de Napoléon III, fêtes mêlées de salves, de revues, de lampions, de drapeaux, de diffas et fantasias, mais pour lesquelles on affecta peut-être un peu trop de me fuir ; à part la cérémonie funèbre qui suivit la mort du maréchal Pélissier, cérémonie où la place, transformée en nef d'église, vit, pour la dernière fois, couché sur l'affût d'un canon, le vainqueur de Sébastopol ; à part enfin la longue foire de 1867 qui fit, un mois durant, crépiter à mes pieds ses insipides tourniquets, je n'ai plus à raconter que le retour régulier des mêmes anniversaires : au mois de juin la fête du bon Dieu, au mois d'août celle du souverain.

Ici, le reposoir avec ses cierges et ses fleurs, les longues processions de confréries multicolores, de vierges vêtues de blanc, de garçonnets pavoisés et d'emblêmes religieux ; les juges en noir, les conseillers en rouge, les fonctionnaires brodés, galonnés et dorés ; le clergé s'avançant avec une digne lenteur ; l'encens qui monte, les chants qui retentissent, le canon qui gronde ; l'ostensoir qui brille aux mains de l'évêque...

Là, les mâts de cocagne, les écussons, les oriflammes ; la course en sac, le jeu du verseau, les danses tombouctoünes ; un bruit confus de voix, d'éclats de rire, de tambours et de castagnettes de fer ; et le soir, les verres de couleur, les fusées, la retraite aux flambeaux et, sur les coupoles de la mosquée, la fantasmagorie des feux de Bengale.

Quelques mots suffiront maintenant à la description des tableaux que déroulent devant moi les trois cent soixante-trois autres jours de l'année. Ce sont, dès l'aube, les manœuvres qui se rendent à leurs chantiers. Un peu plus tard, les commis, les employés, les ménagères qui trottinent et se croisent, les uns pour gagner leurs magasins, leurs bureaux, les autres pour vaquer aux provisions de la journée. Puis la foule des affairés, des promeneurs et des flâneurs. Rien de plus singulier, rien de plus amusant que ces types, ces costumes et ces habitudes diverses : l'Arabe drapé dans son burnous, le yaouled qui sautille avec son couffin sur l'épaule, la Mauresque voilée, la Soudanienne aux formes monstrueuses, l'Espagnol ceint de l'écharpe voyante, l'Andalouse avec ses yeux noirs et sa cornette de foulard, les écoliers chargés de cahiers et de dictionnaires, les Anglais au teint rose, à l'air interrogatif, les Phrynées colportant avec impudence leur visage maquillé et leur toilette excentrique, enfin brochant sur le tout, courant, zigzaguant, se croisant, les porteurs d'eau, les cavaliers, les calèches, les omnibus avec leurs dénominations picaresques.

J'entends, dans l'après-midi, la musique militaire dont les symphonies me réjouissent, et le matin, le soir, et la nuit et toujours, j'ai sous les yeux ce ciel, ce golfe, ces montagnes, ce panorama d'un aspect à la fois si doux et si magnifique. Que de statues qui, plus belles et plus célèbres, sont moins bien partagées que moi! Napoléon 1ᵉʳ, en Corse, contemple les sites prestigieux de la baie d'Ajaccio; Marc-Aurèle, au Capitole, domine les sept collines et la campagne de Rome; Henry IV, sur le Pont-Neuf, voit se presser autour de lui, le Louvre, les Tuileries, Notre-Dame, le Panthéon; qu'ils y restent! leur sort ne me fait nulle envie. Je n'accepterais certainement pas leur entourage si fameux contre ma chère place du Gouvernement.

Un détail, toutefois, mélange ma félicité. Le piédestal qui me supporte a, pour soubassement, une espèce de marche où viennent tour à tour s'évertuer les chiens et s'asseoir les particuliers. Il en résulte pour moi, et pour tout ce qui m'environne, tantôt une odeur infecte et tantôt un spectacle ignoble : des gens vautrés dans les ordures! Je voudrais que l'on doublât ce soubassement de hauteur. Il échapperait, de la sorte, à l'insulte des chiens errants, et fournirait aux amateurs un banc décent, propre et commode. La vue, l'odorat, le sentiment de la dignité humaine ne seraient plus incessamment blessés. Tout le monde y gagnerait. O municipalité, cette aumône!

VII

L'ANIMATION

Rien ne saurait peindre mon étonnement à la vue du mouvement qui remplissait Alger quand je vins, en 1860, pour y passer mon premier hiver. A l'agitation de ses rues, à l'entre-croisement de ses voitures, à l'encombrement de ses magasins, on eût dit une ville de deux cent mille âmes. La ligne traversière, seule existante alors du quartier Bab-Azoun au faubourg Bab-el-Oued, ressemblait notamment moins à une rue qu'à un champ de foire. Là, fendant avec peine les flots incessants d'une foule bariolée de juifs, d'Arabes, de soldats, de Maures, de Français, d'Espagnols, se heurtaient, s'accrochaient, se culbutaient les troupeaux les plus singuliers, les attelages les plus inattendus : moutons, vaches, chameaux, mulets chargés de peaux de bouc gonflées d'huile ou de vin, petits bœufs gris traînant des chars à la façon mérovingienne, calèches garnies à pleins bords de dames élégantes et de muguets souriants, omnibus bourrés d'indigènes, haquets tirés par des nègres suants, escortés de biskris en haillons, charrettes surchargées de plâtre et de fagots, convois de vivres pour l'armée, processions de toute sorte, enfin jusqu'à des gazelles, des autruches, des lionceaux exportés, faut-il croire, pour quelque musée du Nord.

L'absolu n'est pas de ce monde. On se croit au bout du possible, et tout à coup un incident fortuit en recule indéfiniment les bornes. Qui jamais eût imaginé qu'un endroit si tumultueux pût, je ne dirai pas doubler, mais quintupler d'animation ! L'annonce de la prochaine visite de l'Empereur accomplit ce miracle. La vie devint une fièvre et la presse une cohue. Nul n'ignore quel coup de fouet donnent aux affaires ces solennités politiques. On vendait, on liquide ; on achetait, on dévalise. Ne faut-il pas orner les monuments, pavoiser les rues, alimenter les hôtes, et soi-même se parer pour les feux d'artifice et les réceptions officielles ? Habits, chapeaux, linge, souliers, sont renouvelés en bloc. Des besoins même qui semblaient, de prime abord, étrangers à la circonstance, se font inopinément sentir, et la contagion du remontage gagne jusqu'au mobilier, jusqu'à la batterie de cuisine.

La chambre que j'occupais, à l'hôtel de la Régence, donnait sur la place du Gouvernement, et j'ai passé des journées, écoulées comme des minutes, à contempler les flots tournoyants de cette population en délire. Aux acteurs accoutumés se mêlaient des nuées d'ouvriers plantant des mâts vénitiens et dressant des arcs de triomphe. Un zèle enjoué présidait à ces travaux qu'on eût dit ordonnés moins par l'administration que par le sentiment populaire. Les charpentiers dansaient au faîte des échelles, les lampistes chantaient en fixant les verres de couleur. Dans le va-et-vient, déjà fort rapide, des passants habituels, se devinaient, à leur pétulance, les employés chargés de quelque détail décoratif. Ils couraient comme des insensés, les mains pleines de drapeaux tricolores et d'étendards musulmans. Des lustres, des tapis, des contrebasses, des panerées d'E, d'N et d'aigles dorés, des colonnes, des entablements de carton sillonnaient la place avec une rapidité de locomotive. J'ai vu se précipiter jusqu'à des oasis de palmiers artificiels et des forêts de lauriers roses à la détrempe.

La masse des curieux qui suivait, d'un œil ravi, ces préparatifs, semblait envier le sort des ouvriers et les respectait comme autant de fonctionnaires. Un juge en retard, courant à son tribunal, se fût fait scrupule de prendre le pas sur un allumeur de lampions. A chaque instant, des alertes ballottaient la multitude. Un régiment défilait-il musique en tête au fond de la place, un goum avec ses tambours diaboliques, aussitôt chacun d'accourir et de grimper qui sur les bancs, qui dans les arbres. Un navire entrait-il dans le port, nos curieux de faire immédiatement volte face et de s'élancer à l'assaut de la balustrade.

Plus approchait le jour tant désiré, plus l'agitation augmentait. Les bruits de la ville, ordinairement sourds, éclataient comme un vacarme. On ne parlait plus, on beuglait. Les musiciens multipliaient les concerts, et leur exécution saccadée, fébrile, traduisait l'émotion commune. La statistique médicale eût certainement constaté une moyenne de cent pulsations pour tous les pouls algériens. C'est que jamais, il faut le reconnaître, pareil événement n'avait favorisé la colonie. Jamais le souverain de la France, s'aventurant à deux cents lieues de son empire, n'avait encore daigné rendre visite à quelques milliers de pauvres colons noyés dans une population de barbares. De grandes espérances se rattachaient, en outre, à ce voyage. Chacun y voyait le signal d'une activité nouvelle et l'aurore d'une prospérité longtemps entravée par les fautes des précédentes administrations.

Quelques préparatifs trainaient encore, et les ouvriers ne suffisant plus, les amateurs s'en mêlèrent avec une démocratique émulation. J'ai vu des mains gantées de blanc scier une planche au fronton de l'arc israélite, et des bras garnis de manchettes brodées porter des gerbes à la statue de l'Abondance. Le dernier soir, je crus positivement que personne n'irait se coucher. La place resta couverte de monde jusqu'à deux heures du matin. Le temps était si beau, d'ailleurs ! A la lumière du gaz dont on avait triplé les becs, s'ajoutait celle des étoiles qui, semées avec la profusion particulière aux zones méridionales, rayonnaient dans l'air pur d'un éclat qu'aucune vapeur n'altérait. Si les enfants, les femmes et les vieillards se retirèrent, ce fut plutôt par convenance que par besoin de sommeil. La moitié d'Alger resta dehors toute la nuit, courant comme en plein jour, des platanes aux orangers et des bancs à la balustrade. Des signaux mystérieux mettaient le comble à l'anxiété de l'attente. On voyait des fusées sillonner le ciel à l'horizon de la mer. Des coups de canon inexplicables retentissaient par instants avec une force qui ébranlait les maisons. Et, comme si le jour lui-même eût partagé la commune impatience, l'aube ne dura que peu de minutes. Les crépuscules sont, du reste, on le sait, d'autant moins longs qu'on s'avance vers l'équateur.

A peine les premiers rayons du soleil eurent-ils nuancé d'un rose tendre l'albâtre des maisons d'Alger, que le rappel battit par toutes les rues avec une violence qui pourrait au besoin servir de témoignage à la solidité des peaux d'âne indigènes. Une première salve annonça l'apparition de l'escadrille. Bien qu'il dût s'écouler trois grandes heures encore avant le débarquement, chacun s'empressa de courir au poste que lui assignait l'ordre des cérémonies. Les troupes affluèrent de tous côtés. Chasseurs, zouaves, turcos, artilleurs se croisaient, se mêlaient, s'étendaient, se repliaient, fendant la presse au milieu de laquelle ondulaient des chefs arabes au burnous éclatant, des théories de jeunes filles vêtues de leurs costumes nationaux, de longues files d'enfants de toute race, se donnant la main avec une cordialité de bon augure pour la fusion tant souhaitée.

Malgré leur désir de paraître calmes, les conseillers en robe rouge, les muphtis avec le ballon qui leur sert de coiffure, les ulémas dans toute l'ampleur embarrassante de leurs haïks, nos prêtres mêmes avec leur barbe patriarcale ne pouvaient maîtriser leur impatience. J'ai vu toute une queue de procession courir à la débandade, et des fonctionnaires chamarrés franchir un obstacle en sautant comme des écoliers de sixième. Enfin, les principales autorités, si majestueuses d'ordinaire, acceptant, très volontiers du reste, l'éclipse momentanée que l'événement infligeait à leur importance, marchaient le pas accéléré du commun des martyrs. Toutes ces députations, amenées forcément, par la disposition convergente des rues, sur la place du Gouvernement, en labouraient péniblement les masses profondes et se rendaient qui par la porte de France, qui par la rampe du Palmier, qui par celle de la Pêcherie, autour de la coupole triomphale où Leurs Majestés devaient prendre terre et soutenir le premier feu des harangues.

Les matelots rangés sur les vergues, les soldats, les députations et les milliers de spectateurs groupés sur le rivage, saluèrent le débarquement d'une acclamation formidable. Le canon tonna sans discontinuer pendant une bonne heure. Rien d'imposant non plus comme le coup d'œil. La rade offrait une de ces perspectives pompeuses à l'interprétation desquelles nos grands artistes, Gudin et Morel Fatio, ont dû leurs plus beaux chefs-d'œuvre. De toute part s'échappaient des torrents de fumée dont les uns roulaient sur la mer et dont les autres montaient lentement dans le ciel avec des noblesses d'attitude et des magnificences de couleur que les plus habiles pinceaux ne sauront jamais qu'imparfaitement reproduire.

Tous les journaux du monde ont raconté cet accueil mémorable. Il ne fut, depuis le quai jusqu'au palais du Gouverneur, qu'une longue ovation. Bien avant d'apercevoir le cortége à travers les ogives de l'arc oriental construit au débouché de la rue Bab-Azoun, j'entendais gronder les applaudissements ; et quand le char impérial fit son entrée sur la place où s'était entassé le plus de monde, on eût dit le déchaînement d'une tempête. Aux hourras s'ajoutait le bruit des bouches à feu, des tambours et des orchestres donnant tous en même temps ; aux splendeurs du ciel le mouvement des chapeaux, des mouchoirs et des couronnes qu'on agitait de tous les balcons, de toutes les corniches, de tous les toits. La brise qui venait par hasard de s'élever (la flatteuse !) tendait les guidons, enflait les drapeaux, déployait les oriflammes. Tous les navires pavoisés depuis les sabords jusqu'au faîte des mâts, frissonnaient et papillotaient comme une joyeuse volée d'oiseaux complimenteurs. Enfin, si quelqu'un pas trop fou me jurait avoir vu la statue du duc d'Orléans soulever son chapeau de bronze, je ne serais pas très éloigné de le croire.

Des fêtes telles qu'on n'en verra sans doute plus jamais en Afrique signalèrent, à Alger, la présence du souverain. Il y eut des bals, des concerts, des revues, des fantasias d'une magnificence inouïe, et, comme ces météores qui laissent après eux un long sillon de lumière, l'excursion impériale fut suivie, pendant plusieurs mois, d'une plénitude de vie qu'il eût été bien désirable de voir se fixer dans la colonie.

Mais, loin de là, peu à peu les rues d'Alger perdirent leur animation. Et notamment, au mois de juin dernier, lorsque, pour la quatrième fois rebuté par les intempéries et les banalités de la mère-patrie, je revins demander la santé, la nouveauté, le bonheur à notre patrie adoptive, je lui trouvai, dès les premiers pas, je ne sais quel air de tristesse et de deuil. Ces longues rampes nues et brûlées de soleil, ces larges boulevards où les voitures font événement, ces maisons uniformes avec leurs persiennes closes, cette place Napoléon déjà trop grande avant d'avoir atteint tout son développement, ces étages à louer, ces magasins sans chalands, quelle désolation ! On eût presque dit Pompéï.

A quelle cause attribuer cet apparent abandon ? Au dépeuplement ? La population d'Alger se maintient fixement, depuis une dizaine d'années, au chiffre d'environ soixante mille âmes. Si les indigènes, effarouchés par l'incessante destruction des habitations mauresques, nous fuient chaque jour en masse, ils sont remplacés par la crue de l'élément européen, que cette crue ait pour cause soit l'immigration, soit plutôt l'excédent des naissances sur les décès. Y doit-on voir un temps de recul dans l'essor de la colonie, l'allanguissement des affaires, que cet allanguissement provienne des fléaux que nous avons subis tour à tour, sécheresse, sauterelles, choléra, disette, tremblement de terre, ou qu'il ait pour point de départ le système gouvernemental institué dans ces derniers temps ? Aux économistes de prononcer.

Pour ma part, à ne me prévaloir que de ma qualité de touriste et d'observateur, je ne crains pas de l'affirmer, une des causes les plus puissantes de la décadence d'Alger, sous le rapport du mouvement, c'est la multiplication et l'élargissement de ses voies publiques. Toutes les villes sur lesquelles elle semble avoir résolu de se modeler nonobstant les conditions diamétralement réfractaires d'une topographie insolite, sont, malgré leur beauté, leur opulence et leur grandeur, d'une tristesse mortelle. Voyez Bordeaux, voyez Turin, voyez Versailles.

Sous le rapport hygiénique, cet éparpillement de la population ne manque pas d'avantages ; mais il est une mesure qu'il faut craindre de dépasser. Si quelques esprits chagrins apprécient la solitude, le plus grand nombre a, pour la presse et même pour l'encombrement, une préférence marquée. Les acteurs, au théâtre, ne nous semblent jamais si bons que lorsque la salle est comble. Irait-on au Cours sans la foule, à la fête sans la cohue ? Et vous, lectrice, dont le goût parfait ne saurait être mis en doute, des bals auxquels vous avez assisté, quel est celui dont vous conservez le meilleur souvenir ? Est-ce la sauterie intime dans un salon plein comme un œuf, ou la réception officielle dans une galerie clairsemée ? Ici, toutes les splendeurs : hauts plafonds, lambris dorés, lustres de cristal, valets galonnés ; toutes les aises aussi, buffets succulents, larges espaces pour le déploiement des figures et l'épanouissement des traines ; mais, faute de compacité, l'ennui. Là, moins d'éclat : danse au piano, masse de connaissances, thé bourgeois, local médiocre ; on se coudoie, l'on étouffe ; mais qu'on s'amuse !

Donc assez comme cela de longs boulevards sans maisons, de vastes places sans ombrages, de larges rues sans arcades, de beaux monuments sans boutiques; assez de démolitions, assez de nivellements, ou c'en est fait du vieux renom de ville gaie, de ville heureuse qu'Alger partage, en Europe, avec Naples, Séville, Gênes, Constantinople, et qui lui vaut, chaque hiver, le plus grand nombre de ses hôtes.

VIII

LE BOULEVARD DE L'IMPÉRATRICE

Lorsque, sous la conduite de Robert Guiscard, les Normands descendirent en Sicile et fondèrent ce royaume dont, un siècle durant, l'éclat resplendit comme un météore au milieu des ténèbres du moyen âge, ils se gardèrent bien d'appeler à grands frais des architectes du dehors. Mieux inspirés, ils employèrent tout bonnement ceux du pays. Des ouvriers grecs, romains ou français ne leur eussent donné que des pastiches plus ou moins heureux des propylées d'Athènes et du Panthéon d'Agrippa ; les constructeurs sarrazins les dotèrent d'une architecture qui, mélange adroit d'inspirations romanes, gothiques et byzantines, est encore aujourd'hui citée comme une des gloires de l'art.

Le temps et les révolutions ont détruit la plupart des palais de la domination normande ; mais ce qui reste d'eux suffit pour en attester l'élégance. Le voyageur qui, ses provisions en poche et le révolver au poing, parcourt cette pauvre Sicile, si riche et si sûre autrefois, si pleine aujourd'hui de dangers et de misère, n'admire pas moins la Ziza, la Cuba, le dôme de Palerme, legs pittoresques de Roger II, que le temple de Ségeste et le cirque de Taormine, majestueux débris de la grandeur romaine.

Les premiers organisateurs de notre conquête africaine pouvaient parfaitement imiter les dominateurs normands. Ils trouvèrent, en débarquant, une architecture nouvelle, originale, saisissante, et dont les types, célébrés par la plume ou le pinceau des Chateaubriand, des Victor Hugo, des Lamartine, des Marilhat, des Dauzats, des Decamps et autres orientalistes, étaient déjà goûtés en France. L'arc brisé, la colonne torse, le péristyle et les terrasses des habitations mauresques n'étaient certes pas plus coûteux à reproduire que les portes cintrées, les fenêtres rectangulaires et les toitures inclinées de nos maisons provençales. Elles avaient, de plus, l'avantage de se prêter, beaucoup mieux que ces dernières, aux convenances du climat. Il n'eût fallu, pour les approprier à nos mœurs, à nos usages, que de légères modifications, témoin cette charmante demeure qu'un particulier construisit, voilà deux ou trois ans, au-dessus des bosquets du jardin Marengo, témoin encore la partie nouvellement restaurée de la maison du Génie, à l'entrée de la rue Philippe.

Colons et gouvernement ont préféré le mode ressassé de la mère-patrie. Les hideuses façades des faubourgs de Paris, de Lyon, de Marseille, réduites encore, faute d'argent ou de goût, à leur plus misérable expression, se sont rangées au bord des rues nouvelles, tandis que, sur les places, le long des boulevards, s'élevaient des hôtels, une mairie, un théâtre fort beaux sans doute aux yeux des bédouins ou des créoles qui n'ont jamais passé la mer, mais très-vulgaires à les comparer aux fastueux monuments qui décorent aujourd'hui les moindres capitales d'Europe.

D'où suit qu'Alger, en échange d'une splendeur bourgeoise et positivement contestable, a perdu ou du moins est en train de perdre le caractère arabe qu'y vinrent si longtemps admirer les voyageurs et les artistes. Lorsque les deux mosquées de la Marine et de la Pêcherie, l'archevêché et le palais du gouverneur auront subi le sort de la Jénina et de tant d'autres bijoux indigènes détruits, qu'aurez-vous à montrer en place ? La banque, le lycée, les postes, la prison civile !

Voici comment je comprenais, devant qu'il soit commencé, le boulevard de l'Impératrice : au bas, sur les quais, voûtes à cintre aigu ; des arbres au pied de chaque pilier ; la chaussée supérieure bordée, du côté de la mer, par un long banc de maçonnerie à deux ou trois gradins, et, du côté de la ville, par des maisons de style oriental. Celles-ci reposant sur des arcades mauresques, elles-mêmes soutenues par des piliers ou des colonnes. Les colonnes d'un volume relativement médiocre peuvent très bien supporter (j'en ai vu, l'an dernier, des exemples à Bologne) les plus lourdes constructions. A chaque étage s'avançaient non-seulement des balcons, des miradores et autres projections pittoresques, mais jusqu'à des jardins suspendus. La vie extérieure est si douce le soir, dans les pays chauds ! Je passe le détail des placages de faïence, des arabesques de stuc et des corniches crénelées.

Tel qu'on l'a fait néanmoins, le boulevard de l'Impératrice ne manque pas de valeur. Et comme, en définitive, ici bas le nombre des bourgeois prime celui des artistes, disons, sans marchander, que cette œuvre, deux ou trois détails exceptés, ne pouvait être, au point de vue pratique, ni mieux conçue ni mieux exécutée. L'exposition d'abord est des plus magnifiques : la rue, le quai, le port, la baie, le Hamma le Sahel, l'Atlas, le Djurdjura, les nuages, neuf plans ! les neuf plans exigés du paysage académique. Et nos riches hiverneurs, dans ces appartements somptueux dont on voit les lumières, le soir, étinceler au travers des rideaux de gaze, y doivent sans peine oublier la patrie, la famille et jusqu'aux maux qui les tourmentent.

Le boulevard proprement dit, et les rampes qui le desservent, sont admirablement empierrés ; les pentes en sont commodes, et leur entrecroisement ingénieux répond exactement aux besoins les plus variés de la circulation. On s'y promènerait en voiture rien que pour la beauté des sites et la douceur du macadam.

Le trottoir qui s'étend, sur une longueur d'environ douze cents mètres, depuis la porte de France jusqu'à la rue du Palmier, offre aux citadins une promenade, sinon aussi amusante, du moins plus hygiénique que la place du Gouvernement. Marcher à pas lents, s'arrêter dix fois par minute pour parler à celui-ci, pour éviter celui-là, faire à chaque instant volte face comme des animaux de ménagerie dans leur cage, ce n'est pas là de l'exercice. Le soir surtout, après dîner, par un temps frais, au clair de lune, votre canne à la main, un bon cigare aux lèvres, le bras d'un ami sous le vôtre, faites-moi coup sur coup, d'un pas rapide, deux ou trois fois la longueur du boulevard, pratiquez même, au besoin, les rampes, et je puis, sans crainte de me tromper, vous promettre, pour la nuit, ces songes heureux si rebelles aux estomacs difficiles.

Le point culminant du rempart, c'est-à-dire la bande comprise entre l'escalier de la Pêcherie et le grand hôtel d'Orient, s'est en partie supplanté à la place du Gouvernement. Il lui a pris son bon air, sa belle vue, sa balustrade. Il a copié ses cafés. C'est là qu'il faut venir pour interroger le signal, pour constater le temps à l'horizon, pour assister à l'arrivée et au départ des paquebots. Le soir, les saltimbanques, les chanteurs, les mendiants y perpètrent leur industrie. La scène seule diffère : elle était carrée, elle est longue. Aussi, dit-on fort justement que le boulevard de l'Impératrice n'est autre chose que la place du Gouvernement déplacée et passée à la filière.

Mais le nouveau forum de la population algérienne s'est-il bien exactement approprié tous les agréments de l'ancien ? Voyons ! Cette chaussée d'abord, où, vu l'encombrement habituel du trottoir, la plupart des flâneurs sont obligés de se répandre, me semble non-seulement incommode, mais périlleuse. A la moindre pluie, au plus léger arrosage, on y glisse, on y patauge. Les voitures, surtout le soir, y passent si rarement qu'on ne s'en méfie plus ; on les a sur le dos avant de les avoir entendues.

La balustrade, malgré les soins qu'on semble avoir méchamment pris pour la rendre inhospitalière, est devenue, faute de bancs, le rendez-vous d'attitudes médiocrement édifiantes. La fatigue, comme la faim, ne connaît ni crainte ni honte. Ce sont ici des gens qui, perchés en équilibre sur l'étroite tablette, et sans autre appui que leurs pieds passés au travers des barreaux, vous font, malgré leur air calme, frémir pour les dangers qu'ils affrontent. Une seconde de vertige ou de simple inattention, et les voilà précipités, perdus ; car, quintessence de candeur ou de malice, au lieu de conserver à l'entablement qui court au bas extérieur du parapet, une surface horizontale, l'architecte lui a donné une inclinaison telle que tout corps, tombant par malheur dessus, devra nécessairement y glisser et continuer sa chute dans l'abîme.

Plus loin, vous rencontrez des sociétés entières d'ouvriers, de femmes, d'enfants accroupis, Dieu sait comme, sur le soubassement inégal, anguleux, abject de la balustrade. Il est souillé d'ordures, on s'y coupe les chairs, on s'y martyrise le dos, les passants vous y heurtent, vous écrasent les pieds, n'importe; il faut bien se reposer quelque part, profiter, comme tout le monde, de la mer, du bon air et de la compagnie.

Le reste de la balustrade est, la plupart du temps, garni d'une longue file d'individus qui, bien que debout, n'affectent pas moins, vu l'incommodité de la station verticale prolongée, toutes sortes de postures plus ou moins académiques. L'un écarte les jambes, l'autre arcboute son pied dans l'intervalle des barreaux; celui-ci s'épaule, celui-là se déhanche; tous, appuyés sur la tablette, tendent nécessairement le derrière. Paris a ses musées, Munich sa pinacothèque, Londres ses exhibitions de bébés; nous avons, à Alger, une exposition permanente de postérieurs.

Rien ne serait plus facile que de remédier aux divers inconvénients que je viens de signaler. Il suffirait, pour cela, de tripler la largeur du trottoir depuis l'endroit où débouche la rampe Chasseloup-Laubat jusqu'à l'escalier de la Pêcherie. Nul inconvénient, ce me semble. La chaussée peut fort bien, en cet endroit, être rétrécie de moitié. Les voitures y sont beaucoup moins nombreuses que les piétons, et la plupart d'entre elles profitent de l'espace pour se livrer à des écarts, à des zigzags, à des fantasias fort gênantes pour le passant.

Sur le trottoir élargi comme je viens de dire, et pour le séparer de la chaussée, on placerait des bancs de pierre assez larges pour qu'on pût s'asseoir dessus des deux côtés à la fois, et contempler à volonté la ligne des maisons ou le spectacle du golfe.

La place du Gouvernement nous serait ainsi rendue, moins ses ombrages. Et pourtant si, faute de pouvoir, sur ces routes cailloutées, planter une avenue de platanes, on y dressait des tonnelles avec légers supports en fonte et caisses de senneçons grimpants ou de volubilis au pied!... Quel plus délicieux promenoir! La loueuse bien sûr, y voudrait transporter ses chaises. Un pareil déménagement semble fantastique au premier abord; mais pour peu qu'on y réfléchisse, on comprendra ce qu'il promet de charme pour la perspective et d'agrément pour la population.

Rarement architecte, même des plus malins, prévoit tout sur ses plans. Pour l'intérieur de nos maisons, par exemple, sauf un certain modèle d'appartement, fruit de nombreux essais, et que, dans leur rage d'uniformité, tous les nouveaux immeubles de Paris semblent vouloir adopter à chacun de leur cinq étages, il est presque toujours indispensable, le local achevé, qu'on y retouche en maint et maint endroit. Ce sont ici des corrections indiquées par la nature des lieux, là des perfectionnements inspirés par la disposition de l'entourage : une cloison à bâtir, une fenêtre à percer, une porte à changer de place.

Que le même fait se produise pour les rues, les places et les boulevards, rien là de bien surprenant. Pouvait-on deviner que les passants choisiraient telle voie, que les promeneurs adopteraient telle allée de préférence ? Aussi, dans les villes sagement administrées, les édiles ne sont-ils pas moins soigneux de ce qu'on appelle vulgairement les retouches, que de ce qui constitue le premier jet de l'œuvre. Voyez plutôt à Paris : combien de fois n'a-t-on pas remanié la cour du Louvre, la place de la Concorde, les Champs-Elysées, le bois de Boulogne ? Et Saint-Pierre de Rome, et le Kremlin de Moscou, qu'ont-il gardé de leur plan primitif ? Le principal mérite de ces chefs-d'œuvre, ne consiste-t-il par surtout dans les modifications qu'on leur a fait subir.

Nos administrateurs algériens ont toujours trop paru croire à l'infaillibilité de leur jugement. Telle chose se fera, disent-ils. Vainement leur soumet-on des observations, des avis, il faut que la chose se fasse. Et faite, malgré des erreurs et des contresens palpables, elle est toujours, à leurs yeux, suivant le dicton musulman, bien faite. L'*errare humanum est*, si docilement accepté dans les pays même les plus éclairés, doit-il être aussi brutalement repoussé d'une terre, d'un climat où tout est encore à connaître, où chaque année, chaque jour révèle des faits nouveaux, soulève des questions inattendues ? Ce boulevard de l'Impératrice aurait-il seul, entre tant d'œuvres magnifiques, la prétention d'être sorti parfait de l'intellect de son auteur, comme Minerve jadis du cerveau de Jupiter ? Et serait-ce insulter au monument que de le supposer modifiable ? Allons, édiles, architectes, un peu de condescendance, et le boulevard de l'Impératrice perfectionné nous dédommagera bientôt de la place du Gouvernement perdue.

IX

LES BANCS.

Si les petits ruisseaux font les grandes rivières, il n'est amélioration si minime qui ne concoure à l'œuvre du progrès. J'ai déjà trop souvent effleuré la question des bancs pour tarder plus longtemps à lui consacrer un chapitre. Chapitrons donc, et traitons, si possible, cette matière moins au point de vue de l'agrément et de la fantaisie qu'à celui de la morale et de la dignité humaine.

Une des choses qui m'ont le plus vivement impressionné, dans les commencements de mon séjour à Alger, c'est l'énorme quantité de gens que l'on y rencontre assis par terre au bord des trottoirs, ou couchés tout de leur long dans les ordures du ruisseau. On

dirait des chiens, pis encore. Rien de tel jamais en
Europe. Un malheureux qui, par hasard, s'y permettrait une pareille vilenie, aurait de suite affaire à la
police. Je savais bien, depuis longtemps, que les Orientaux ont pour la vie horizontale un amour tout particulier ; mais je me les étais toujours figurés noblement
étendus, sinon sur des tapis de Smyrne, au moins sur
des nattes décentes. Et puis, pourquoi tant d'Espagnols, tant de Juifs, tant de Français même, accroupis
ou vautrés comme eux ? La barbarie, sans nul doute,
l'ineptie, l'abrutissement.

J'en étais là de mes suppositions lorsqu'un jour il
me prit envie d'aller peindre dans la campagne. Mon
parasol d'une main, ma boîte à couleurs de l'autre, je
me rends, sous les platanes, au tournebride des omnibus. J'attends cinq minutes, un quart d'heure, pas
l'ombre d'une *Complaisante*, pas le moindre *Plaisir
des dames*. On patiente mieux assis. Je cherche de
l'œil un banc. J'en découvre trois ou quatre à l'ombre
et me dirige vers eux. Mais ils étaient tous occupés.

Le même soir, au retour d'une longue promenade
dans les sentiers fleuris de Mustapha, j'éprouvai le
besoin de me reposer. L'air était doux, la lune dans
son plein ; un temps à demeurer dehors jusqu'à minuit. Je retourne aux bancs des platanes. Ils étaient
encore moins abordables que le matin.

Nul moyen de s'asseoir ailleurs. Le service des chaises ne se faisait alors qu'aux heures de musique, et pour ce qui est des cafés, je les ai toujours tellement abhorrés que j'aimerais mieux, je crois, me priver à tout jamais de clair de lune que d'être obligé d'en jouir à leurs tables imprégnées d'absinthe et de gloria. Rentrer dans ma chambre garnie ? Mais alors à quoi bon avoir, pour un ciel plus clément, quitté famille, amis, patrie, interrompu mes habitudes, encouru les ennuis d'une longue traversée, si, pour profiter de ce ciel, je dois, comme à Paris, y vivre entre quatre murs ?

Force donc me fut de rester debout. Je m'appuyai contre un arbre en attendant qu'une place devint vacante. Mais j'avais compté sans la concurrence. A peine un particulier faisait-il seulement mine de se lever, que vingt compétiteurs accouraient pour le remplacer ; et si les compétiteurs n'étaient pas, chose fréquente, la plus fine fleur des pois, les disputes aussitôt, les rixes mêmes d'éclater.

Je compris alors seulement ces postures malséantes, ces abjections éhontées qui m'avaient choqué tout d'abord, et, ma foi ! je les excusai ; car, si j'en crois les traités d'hygiène et ma propre expérience, il n'y a rien au monde de plus mauvais, de plus malsain, de plus funeste que de rester longtemps debout. Trois heures de marche forcée fatiguent moins que vingt minutes d'immobilité verticale ou de promenade à pas lents. Et, devant les déboires de mes compagnons d'infortune, ces hiverneurs qui, comme moi, faits aux usages des villes civilisées, s'étaient imprudemment fiés à l'hospitalité algérienne, devant surtout l'évidente souffrance de tant de pauvres gens pour lesquels un parapet, la bordure d'un trottoir, la chaussée même toute nue, sont, aux heures de repos et de divertissement, le seul siége possible, je me promis que si jamais, par la presse ou de toute autre manière, ma voix pouvait trouver chance d'être écoutée, je commencerais par plaider leur cause.

Et ce fis-je, et vingt articles, pour le moins, s'y dévouèrent. « Les bancs, disais-je, sont un des criteriums les plus positifs de la civilisation d'un pays. Voyez Paris, Lyon, Berlin, Marseille, Naples, Rome, Genève, toutes villes réputées pour leur comfort et leur politesse, avec quelle profusion les bancs s'y trouvent répandus ! Places, squares, boulevards, promenades, carrefours, rues mêmes, il n'est lieu si bruyant ou si calme, si central ou si retiré, qui n'en soit largement pourvu. Je ne crois pas exagérer en évaluant à deux par cinq cents âmes les bancs qui meublent ces grandes cités. A ce compte, Paris en aurait, pour sa part, huit mille, chiffre évidemment inférieur, si l'on veut bien songer qu'en cette vaste enceinte d'environ quarante kilomètres de tour, on ne peut marcher cinq minutes sans rencontrer des bancs. Confortables pour la plupart, quelques-uns sont vraiment luxueux, avec siége élastique et dossier renversé. Aussi faut-il voir comme on en profite ! Et cependant, où pourrait-on le plus aisément s'en passer ? N'est-ce point justement dans ces villes du Nord où le climat ne permet que bien rarement de s'asseoir en plein air, et où d'ailleurs le grand mouvement de l'industrie, la fièvre des affaires, entraine et fait courir incessamment la population ?

» Alger, ville de soixante mille âmes, Alger dont le ciel est si souvent beau, l'air si constamment doux, qu'on peut, hiver comme été, se tenir dehors, Alger avec sa population européenne beaucoup moins active qu'ailleurs, et ses musulmans habitués aux attitudes sédentaires de la vie contemplative, Alger n'a que dix-sept bancs, et quels bancs! D'abord, aux uns, pas de dossiers; aux autres, une planche étroite qui voudrait s'en donner les airs; à tous, des siéges détestables, composés de trois maigres barreaux écartés, chipotés, délabrés, le plus souvent réduits à deux; vrais juchoirs de poules. Au nom de la civilisation, de la décence, de la charité, je réclame, pour Alger, des bancs en proportion au moins double de ceux qui garnissent les villes d'Europe. A quatre bancs par cinq cents âmes, cela fait comme cinq cents bancs, non pas pourtant de ces bancs luxueux que je citais tout à l'heure, mais des siéges congrus, avec ou sans dossiers, ici de bois, là de pierre. »

Un véritable *tolle* s'en suivit. Mes amis et connaissances blâmèrent vivement cette téméraire campagne. Je sus, par des rapports officieux, les propos peu galants de nombre d'Algériens. On alla jusqu'à m'envoyer des lettres anonymes assaisonnées de persiflages. Telle était, en résumé, la substance de ces critiques : — Nous n'avons pas ici vos populations d'Europe. Regardez d'un peu près, ces bancs pour lesquels vous prodiguez si mal à propos les chaleurs de votre style. Par qui sont-ils occupés ? Des biskris, des cireurs de bottes, des désœuvrés, des pouilleux, des ivrognes, des mendiants, des va-nu-pieds la plupart du temps les remplissent. A quoi bon se mettre en frais pour de pareilles espèces ? Et puis, le gracieux tableau pour nos femmes, nos filles, nous-mêmes, que ces burnous crasseux et couverts de vermine, ces blouses en lambeaux, ces culottes insuffisantes, ces trognes avinées, ces mines effrontées s'étalant sans pudeur à l'endroit préféré de notre place chérie ! Sans compter les propos grossiers, les commentaires obscènes dont ils chargent si souvent l'air qui vient frapper nos oreilles. Ah ! plutôt que d'augmenter le nombre de nos bancs, cent fois mieux vaudrait supprimer ceux qui existent. D'ailleurs, argument suprême, nous n'avons pas d'argent.

Je vais tâcher de répondre. D'abord, en fait d'argent, lorsqu'on l'a voulu fermement, et cela pour les dépenses souvent les plus considérables et les moins opportunes, on en a toujours su trouver, malgré le vide chronique du trésor municipal ; témoin la rue Randon, témoin l'escalier du théâtre, témoin ces bornes et ces chaînes dont on entoura jadis le square de la Tour-du-Pin.

Ensuite, il n'est pas exact que les mendiants, pochards, vagabonds et consorts accaparent absolument les douze ou quinze bancs de la place. Ceci dépend de l'heure ou de l'occasion. Le matin, par exemple, étude curieuse à faire et dont je me suis fréquemment amusé, on y trouve, non pas mêlés, mais groupés par nationalités, des portefaix arabes et des manœuvres espagnols attendant le moment de commencer leur journée ; ici les indigènes, là les Européens, guère mieux vêtus les uns que les autres, plâtreux ceux-ci, pouilleux ceux-là, je l'avoue. Qu'importe ! messieurs au veston court, dames en guimpe brodée, fuyez leur compagnie, soit ; mais ne trouvez pas révoltant que ces pauvres ouvriers cherchent à se préparer, par un repos bien légitime, aux fatigues qui les attendent.

Le personnel des bancs est, à midi, moins édifiant. Vos va-nu-pieds, vos ivrognes, vos paresseux le composent en grande partie. Un étranger tout au plus, un malade, un philosophe se compte-t-il parmi eux. Mais le soir y ramène un public plus convenable ; soldats, bonnes d'enfants, employés subalternes, médaillés de Sainte-Hélène, bourgeois accompagnés de leur *épouse* et de leur *demoiselle* s'y pressent et s'y succèdent, notamment pendant la musique, avec une rare ardeur.

Enfin, à supposer que nos bancs ne soient fréquentés que par la lie de la population, faut-il pour cela les détruire ? Plutôt que de laisser vos Bédouins, mendiants et loqueteux assis convenablement, aimez-vous mieux les voir aller grossir le nombre déjà bien trop grand de leurs amis les habitués du trottoir, du ruisseau, de l'égoût ?

Les délicats, les satrapes auront beau dire, entre les loisirs coûteux du café et les repos abjects du coin de borne, il est un juste milieu plus en rapport avec la bourse et le goût des masses, le banc ; et si, à Alger, le banc est, en général. négligé, décrié par les personnes qui, dans les autres pays, ont coutume d'en faire usage, c'est moins à cause de sa banalité que par horreur des voisinages qu'on risque d'y rencontrer. Comment remédier à cette exception malheureuse ? Voici peut-être : en expurgeant. En expurgeant!... Minute ; il ne s'agit point ici d'arbitraire. Tout le monde a droit aux bancs comme à l'air, comme au soleil. Encore moins accepterai-je le moyen radical des satrapes. C'est par la multiplication, et non par la destruction des bancs, que j'obtiendrai le résultat voulu.

Vous n'ignorez pas comment on s'y prend pour écarter les mouches qui, dans certains pays, infectent les appartements. Au lieu de les chasser, ce qui demanderait de grands soins et serait toujours à recommencer, on place dans les angles, au plafond, sur les meubles écartés, des objets enduits de mélasse. Le diptère odieux s'attache à cette friandise et laisse tranquille l'endroit de la pièce où l'on se tient, où l'on dîne, où l'on dort. Eh bien, si vous placiez des bancs dans tous les quartiers de la ville, à Bab-Azoun, à Bab-el-Oued, à mi-côte, sur la hauteur, croyez-vous que les vagabonds, les désœuvrés du voisinage ne s'y camperaient pas plutôt que d'en venir chercher au loin, sur la place du Gouvernement? En général, pour toute chose on préfère son quartier ; on en adopte l'église, le bureau de tabac, la boulangerie, les promenades et les bancs. Aussi, l'ai-je remarqué vingt fois, lorsque je demeurais à Paris, la composition des bancs est toujours en rapport avec la population du quartier. Garnis de blouses à la Bastille, ils le seront de bourgeois au Marais et d'étudiants au quartier latin. Je mets donc en fait qu'aussitôt après l'amélioration que je préconise, les bancs de la place du Gouvernement n'auraient plus guère d'autres habitués que les gens comme il faut des rues environnantes.

J'ai déjà cité maint endroit où les bancs seraient accueillis avec beaucoup de faveur : sur la nouvelle bordure de la place du Gouvernement, sur le trottoir préalablement élargi qui fait face aux cafés de Bordeaux et de la Bosa, sur les paliers de l'escalier-bastion de la Pêcherie, autour des bâtiments de la Douane et des bateaux à vapeur. Il en faudrait encore quelques-uns sur les quais, au pied des candelabres, pour débarrasser d'autant les colis et les marchandises dont trop souvent, au risque de leur nuire, les promeneurs ou les ouvriers se font des siéges. J'en voudrais voir, de distance en distance, sur la ligne du boulevard : plus d'un kilomètre de long ! Et puis, rue Rovigo sous les ormes, rue d'Isly sous les caroubiers, place Malakoff, place de la Lyre, place de la Casbah. Avez-vous jamais guetté le passage d'un omnibus au bas de l'escalier du Palmier ? On l'attend parfois un siècle. Et pas moyen de s'asseoir. Des bancs seraient les bienvenus en cet endroit, les uns aux deux côtés de la fontaine, les autres au bas du grand mur de la Manutention. Pareillement au delà du fossé militaire, non loin de l'usine à gaz ; c'est encore, pour ainsi dire, une station de voitures. Le faubourg Bab-el-Oued ne serait point oublié. Qui n'a cent fois éprouvé le désir de s'asseoir au pied des bellombras qui bordent l'esplanade ? Mais où la sollicitude municipale devra surtout s'exercer, c'est dans les hauts quartiers de la ville. L'introduction des bancs y rencontrera, j'imagine, certaines difficultés, vu l'étroitesse des rues, et la rareté des carrefours. N'importe, en imitant les cafetiers maures, si habiles à trouver place dehors pour leurs consommateurs indigènes, on finira par s'en tirer. Et l'excellente occasion d'aider à l'assainissement ! Tel mur, tel coin non autorisé craint les dépôts illicites : vite un banc, vite un simple dé de pierre, et le voilà matériellement garanti.

En résumé, plus j'y songe et plus je me sens affermir dans cette conviction : l'institution, à Alger, de bancs en nombre convenable ne saurait avoir, pour la population tout entière, que de très réels avantages. La vie extérieure est, dans les pays chauds, une condition essentielle d'hygiène et de bien-être ; témoin les balcons des Napolitains, les terrasses des Maures, les miradores des Espagnols. Alger n'a ni balcons, ni miradores ; on y supprime les terrasses. Grâce aux bancs, la population ouvrière et bourgeoise y pourra passer quelques heures de ses soirées en bon air, en gaie compagnie, avec le spectacle amusant du site et des promeneurs. Les étrangers privés, dans leur chambre garnie, de tous les agréments du chez soi, malades, ennuyés, seuls la plupart du temps, retrouveront, commodément assis dans la ville, au bord de la mer, sur la place, à l'ombre, au soleil, suivant le temps ou la fantaisie, les heures de flânerie, de méditation, de lecture auxquelles les ont habitués les autres stations hivernales.

Enfin, considération suprême, l'Empereur paraît attacher un grand prix je ne dirai pas seulement à l'assainissement, mais encore à l'amélioration des logements d'ouvriers dans les cités populeuses de France. Il y voit le moyen le plus sûr et le plus fécond pour moraliser les masses. Chez bien des gens, en effet, l'honnêteté dépend surtout du milieu qu'ils fréquentent, de l'habit qu'ils portent, de la tenue qu'on leur impose. Arracher les indigènes, les prolétaires, les vagabonds à leur position abjecte, leur fournir, au lieu du ruisseau dans lequel ils croupissent, un siége propre et commode, n'est-ce pas leur faciliter, en attendant mieux, le premier pas dans la voie de la réhabilitation et du bonheur ?

X

LA FOIRE

Les hommes et les choses sont généralement appréciés moins à cause de leur passé qu'en raison de leur avenir. De quels vivats ne salue-t-on pas ces jeunes écrivains, ces artistes imberbes, ces héros de vingt ans dont tout le mérite parfois consiste en un début original! Il semble que Virgile, Raphaël et César soient déjà détrônés. Mais non, ne vous y trompez pas, ce qu'on applaudit en eux, c'est moins ce qu'ils ont fait que ce qu'ils peuvent faire. Si magnifique qu'elle soit, l'œuvre des uns (ils sont morts) est bornée, celle des autres (ils vivent) n'a que l'infini pour limite.

Bien que jamais elle n'ait, même à son origine, brillé

d'un très vif éclat; notre foire fut longtemps entourée d'un certain prestige. L'autorité la choyait comme un enfant plein de promesses. Elle lui prodiguait les tartines officielles, les salves d'artillerie et jusqu'aux feux d'artifice. La spéculation lui prêtait ses bruyantes réclames et ses trains de plaisir. On se préoccupait d'elle à Marseille, à Lyon, à Paris même, Paris si difficile à émouvoir! C'est que longtemps elle put être considérée comme le germe d'un vaste marché international. Les visiteurs si divers de mœurs, d'intérêts, de coutumes que lui promettait vraisemblablement sa situation sur le bord d'une mer qui baigne trois continents, l'immense variété de produits que les flottes d'un côté et les caravanes de l'autre la mettaient à même de rassembler, firent rêver pour elle, à ses fondateurs, le sort des foires entre toutes fameuses de Leipsig, de Sinigaglia, de Beaucaire et de Novogorod. Elle deviendrait, à leur exemple, le point d'arrivée et de départ, la pompe aspirante et foulante, le centre d'échanges enfin des objets ouvrés de la France, de l'Angleterre, de l'Italie, de l'Allemagne, de la Russie, de l'Espagne, bref de l'Europe entière, et des produits natifs de tant de contrées inconnues, de royaumes inexplorés, de lacs, de mers, de forêts vierges non encore marqués sur la carte africaine, et que notre imagination se complaît à regarder comme une mine immense, inépuisable de dents d'éléphant et de poudre d'or.

On ne pouvait trop honorer le berceau d'une institution pareille. La foire d'Alger fut solennellement fondée par un arrêté préfectoral en date du 12 septembre 1850. Les courses de chevaux, qui n'avaient point eu jusqu'alors de périodicité régulière, furent réunies à la foire dont une exposition agricole devait encore augmenter l'attrait et la magnificence. La place du Gouvernement, alors nommée place de la République, était désignée pour la vente au détail des produits de l'industrie; la place Bresson, pour celle des instruments aratoires; l'esplanade Bab-el-Oued, pour l'établissement des jeux et spectacles forains; enfin le marché aux bestiaux, section de Mustapha, pour le trafic des chevaux et animaux de toute espèce. On le voit, douce illusion, Alger n'y pourrait suffire; il lui fallait ses faubourgs, sa banlieue! Pendant toute la durée de la foire, aucun droit ne serait perçu sur les emplacements ci-dessus désignés. Des primes instituées par le conseil municipal et la chambre de commerce devaient être distribuées aux producteurs industriels et aux étalagistes les plus habiles.

C'est le 27 septembre 1850, à sept heures du matin, que s'ouvrit, annoncée par un coup de canon, la première foire d'Alger. Parmi celles qui suivirent, le jour d'ouverture varia du 20 septembre au 1er octobre. Huit eurent lieu, comme la première, sur la place du Gouvernement ; cinq sur l'esplanade Bab-el-Oued, et quatre sur le quai de la Marine. Leur durée fut, pour la plupart, d'une à deux semaines; celles de 1855 et de 1867 prirent par exception, l'une quarante jours et l'autre trente-quatre. Sur chacun des champs tour à tour choisis, les baraques furent disposées de manière à former un carré au milieu duquel on planta une espèce de phare à quatre lanternes. C'est au pied de ce phare, à la clarté de son huile de schiste, entre les mille bruits discordants des mirlitons, des tourniquets, des crécelles, des tirs Flaubert et des orgues de Barbarie, que la musique militaire dut, humiliation ! transporter ses pupitres et exécuter son programme. Mais rien ne semblait trop beau. Avec un peu plus d'argent dans la caisse, on eût demandé, sans nul doute, une ouverture à Rossini.

Quel fut le caractère saillant de la foire d'Alger pendant cette période de dix-huit ans ? Le tintamare et le tourniquet. Le tintamare domina les neuf premières années, le tourniquet régna les neuf autres.

A peine, au jour de l'inauguration, quelques boutiques étaient-elles ouvertes, qu'une nuée d'enfants s'approvisionnait de sifflets, de trompettes, de mirlitons, de fifres, de crécelles, et commençait un brouhaha qui ne cessait un peu, le soir très tard, que pour reprendre, le lendemain matin, de plus belle. Les grandes personnes bientôt s'en mêlèrent, et le brouhaha se convertit en un charivari tel que la place ne devint presque plus tenable. Ajoutez à ces virtuoses cacophoniques, les grosses-caisses, les derboukas, les tambours soudaniens, les orgues mécaniques dont les chevaux de bois, les bateleurs et les acrobates imaginèrent d'accompagner, ceux-ci leur gymnastique effrénée, ceux-là leurs évolutions circulaires, et vous conviendrez qu'il fallait une furieuse dose de discernement dans l'organe auditif pour trouver quelque plaisir aux concerts de la garnison.

Ce fut en 1858 que les tourniquets, cette plaie de nos dernières foires, commencèrent à faire parler d'eux. Eclos, grandis, multipliés insidieusement à l'ombre des innocentes poupées de carton et des bonshommes de pains d'épice, ils prirent tout à coup un tel développement, s'armèrent d'une telle audace, se rendirent coupables de tels méfaits que l'autorité fut obligée de les interdire. Tacitement amnistiés en 1860, ils eurent bien vite, par un redoublement de tours et de détournements frauduleux, gagné le temps perdu. Leur nombre s'accrut même au point d'accaparer la plupart des boutiques. L'année suivante, ils donnèrent lieu, de nouveau, à tant de plaintes, à tant de scandales que force fut de sévir encore contre eux. Mais les tourniquets, c'était toute la foire. Les tourniquets arrêtés, la foire cessa par contre-coup ; et le silence, et la nuit, et la solitude régnèrent tristement aux lieux où l'on se promettait tant de joie. L'administration eut pitié de ce deuil. Elle revint sur sa seconde interdiction en mettant toutefois quelques conditions à sa mansuétude. La transaction, humblement acceptée, fut dès le soir même effrontément violée, et si jamais triomphe parut plus éclatant que la prise de Sébastopol et la bataille de Solférino, ce fut celui des tourniquets en 1861.

Passons maintenant en revue les spécialités commerciales de cette foire destinée, dans la pensée de ses fondateurs, à devenir une sorte de bazar d'Orient, un vaste caravansérail où viendraient aboutir toutes les industries européennes et indigènes. Hélas ! elle se renferma constamment, depuis le premier jusqu'au dernier jour, dans le détail des articles français, des bimbeloteries parisiennes, des jouets d'enfants, des savons, des bretelles et des sucres d'orge. Encore, si les débitants avaient trouvé quelque profit à ces opérations microscopiques ! Deux circonstances malheureuses leur firent, la première année, un tort considérable : le choléra sévissait, effrayant les uns, attristant les autres, paralysant chez tous l'envie du plaisir ; et la création de la foire n'ayant été publiée que vingt jours à l'avance, laissait trop peu de temps aux marchands pour s'organiser, aux gens de la province et surtout aux étrangers pour venir. Aussi, le temps règlementaire de ses opérations écoulé, le commerce forain se vit-il obligé de demander huit jours de prolongation pour tâcher au moins de rentrer dans ses frais. Ils lui furent accordés, ce qui n'empêcha pas un résultat vraiment dérisoire. On vendit pour 22,400 francs d'objets divers. En admettant que les marchands aient réalisé en moyenne vingt pour cent sur la vente, le bénéfice produisit 4,500 francs. Mais les frais de baraquement, d'emménagement, de déménagement, d'éclairage et autres qu'il fallut payer, s'élevèrent au double de cette somme. On citerait difficilement une seule des années suivantes qui n'ait donné lieu à d'unanimes doléances parmi ces petits traficants que chaque solennité foraine voit accourir comme des mouches autour d'un fruit. Il est toutefois de notoriété que beaucoup de marchands, pour ne pas exciter inutilement la jalousie de

leurs voisins, ont la généreuse coutume de dissimuler
le chiffre de leurs profits.

Quelques incidents, les uns favorables, les autres
nuisibles, ceux-ci bouffons, ceux-là dramatiques brochèrent, comme on dit, sur toutes ces foires uniformes
et empêchèrent qu'elles ne se confondissent en une
seule dans le souvenir de chacun. En 1850, Mme Saqui,
la célèbre acrobate, donna plusieurs représentations
de son talent sur la corde raide. La foire de 1851 fut
inaugurée par une sorte de gala pyrotechnique. On
tira, le soir, un feu d'artifice sur les bâtiments de la
Jénina, remplacés aujourd'hui par la maison où s'escriment les ciseaux du parfumeur Queyroy. C'était une
galanterie, une surprise imaginée par M. Lautour-
Mézeray, préfet de la province à cette époque. Malheureusement, le secret en avait été si bien gardé, que les
promeneurs étaient déjà pour la plupart rentrés chez
eux lorsque les premières fusées éclatèrent, et le spectacle n'eut guère d'autres témoins que les chaises vides
et les ivrognes attardés. Un bal donné ou profit des
pauvres ne réussit pas mieux. Le théâtre de la rue de
l'Etat-Major avait été choisi pour salle de danse. A dix
heures, les loges étaient déjà pleines de spectateurs
parmi lesquels on comptait le gouverneur général, le

préfet, des cheiks, des aghas, des khalifats ; la galerie ne manquait pas de danseurs ; la musique entonnait ses plus joyeux quadrilles... Mais si peu de dames avaient répondu à l'appel de la charité et du plaisir, qu'après une heure d'attente et de musique exécutée dans le vide, le bal dut finir sans avoir commencé. On éteignit les lumières, ferma la salle et compta la recette qui ne suffit même pas à couvrir les frais. Le beau sexe d'Alger a bien gagné depuis cette époque.

Les fêtes de 1856 eurent pour beaucoup d'Algériens la saveur et le haut goût d'une aubaine. Un bruit venu l'on ne sait d'où, et concordant avec de vagues indications d'almanach, annonçait qu'Alger devait être bouleversé le 14 septembre à 2 heures 43 minutes du soir, ni plus ni moins. Suivant les uns, la mer devait se soulever, couvrir les campagnes adjacentes, et noyer les populations dans un déluge presque universel. Ceux-ci s'étaient réfugiés sur les hauteurs du Boudzaréah. Suivant les autres, les montagnes voisines devaient se fendre, vomir des cendres, de l'eau bouillante, et renouveler en Algérie les cataclysmes du Vésuve et de l'Etna. Ceux-là avaient cherché un asile sur le bord de la mer. Juifs, musulmans, Maltais, Espagnols, Français, au nombre d'environ seize mille, désertèrent, en cette conjoncture, leurs habitations urbaines. Inutile d'ajouter que chacun d'eux en fut pour la peur et le ridicule. Le célèbre prestidigitateur Robert Houdin eut, cette même année, un tel succès auprès des indigènes, que plusieurs d'entre eux allèrent jusqu'à renier leurs aïssaouas. Beni-Salah, entre autres, homme qui pourtant ne manquait pas d'instruction, s'enfuit précipitamment de la salle, craignant, dit-il, d'être escamoté. Bosco, l'année suivante, ne fut pas moins goûté que son confrère.

Le 20 septembre 1857, première inauguration de la foire sur l'esplanade Bab-el-Oued, un incident assez curieux se produisit dans la soirée. On avait oublié d'éclairer l'espace qui s'étend depuis la sortie de la ville jusqu'à l'entrée de l'esplanade ; en sorte que cette partie du chemin se trouvait plongée dans une obscurité profonde. Pour y remédier, on imagina de requérir une vingtaine de biskris que l'on aligna de chaque côté de la route, et sur la tête desquels on posa des réverbères.

A 1859 se rattache le fiasco d'un train de plaisir organisé par la compagnie Touache. La municipalité d'Alger s'était entendue avec les maîtres d'hôtel de la ville pour fixer au plus modique prix l'hospitalité qu'ils réservaient aux nouveaux débarqués. On comptait sur vingt mille touristes ; il ne s'en présenta pas un seul.

La foire de 1860 eût-elle réalisé ce qu'on en rêve depuis tant d'années, qu'elle eût semblé pâle auprès des fêtes splendides qui la précédèrent de quelques jours. Il faudrait tout un volume pour décrire les magnificences auxquelles donna lieu la première visite impériale. Débarquement au bruit des salves retentissantes, marche processionnelle, entrée dans la ville au milieu des populations accourues de tous les points de l'Algérie, pose de la première pierre du boulevard de l'Impératrice, petite guerre, razzias, chasses, fantazia magistrale, grande revue des troupes et des goums, feu d'artifice, illuminations, ces détails d'une fête qui n'aura sans doute jamais sa pareille, sont restés et demeureront bien des années encore dans la mémoire de tous.

En 1862, le maréchal Pélissier entreprit de galvaniser la foire. Ses affiches feront époque. On les colla par centaines dès le 15 mai. « Messieurs les généraux commandant la division et messieurs les préfets de l'Algérie, disaient-elles, mon intention est de donner à la foire d'Alger une importance qu'elle n'a jamais eue jusqu'à ce jour. Afin de l'entourer de tout l'éclat et de tout le prestige qu'elle peut comporter, j'en ai fixé l'ouverture au 1er octobre prochain, de manière à la faire coïncider avec les courses et l'exposition agricole. J'ai également jugé nécessaire d'en fixer la durée à quinze jours, afin de déterminer les négociants français et étrangers à faire le voyage d'Alger. J'ai décidé qu'un marché aux chevaux, aux bœufs et aux moutons se tiendrait en même temps que la foire. Des avis vont être publiés dans les journaux de France et de l'étranger pour faire connaître que l'on trouvera à la foire d'Alger les produits du sud de l'Algérie. Les indigènes peuvent compter sur un écoulement avantageux de leurs marchandises ; qu'ils ne manquent donc pas à l'appel, etc. »

Les Messageries impériales et la compagnie de navigation mixte, rivalisant de zèle avec le gouvernement, abaissèrent le prix de leurs places. Le quai de la Marine, où commençait à s'élever le boulevard de l'Impératrice, fut désigné, pour plus de pompe, au déploiement de la foire. Mais le résultat fut loin de répondre aux peines qu'on s'était données. Peu d'étrangers y parurent, et l'exhibition d'une troupe, ou plutôt comme on dit aujourd'hui, d'une compagnie de singes et de chiens savants, en fut seul le trait distinctif.

La foire de 1864 se signala par un certain petit air puritain et collet monté. Boutiques bien alignées, étalages corrects, marchandises utiles, collections scientifiques. Plus de tourniquets pour dévaliser le public, de cabarets pour lui dérober sa raison, ni de parades pour blesser ses yeux. On vit même, nec plus ultrà de pruderie funambulesque, un certain musée Péterson interdire l'entrée de ses baraques aux personnes âgées de moins de vingt et un ans révolus. Et les adolescents d'alors se souviendront longtemps des prodiges d'artifice, tels que hauts cache-nez, talons excentriques, moustaches au charbon, mis en œuvre par eux pour tromper la vigilance de l'entrepreneur et se faire ouvrir la porte du musée mystérieux.

La dernière foire enfin, celle de 1867, restera célèbre entre toutes pour son retour, après dix ans d'exil, sur la place du Gouvernement, et pour les portiques couverts et planchéiés de ses baraques uniformes. Jamais encore on n'avait vu, à Alger, ce luxe tout moderne, et peut-être abusif, d'architecture, de menuiserie et de peinture appliqué à des monuments éphémères.

Vainement essaierait-on de le contester, malgré quelques améliorations de détail, la foire d'Alger, depuis le suprême et stérile effort tenté par le maréchal Pélissier, a perdu son prestige et sa raison d'être. Après un pareil fiasco, nul ne peut plus croire désormais à ces masses de visiteurs, à ces millions de transactions qu'à l'exemple de Beaucaire, Leipsig, Novogorod et consorts, on avait si longtemps espérés pour elle. Et devait-on d'ailleurs espérer? Ces foires si fameuses, que l'on jalousait, ne subissent-elles pas elles-mêmes le contre-coup de la grande révolution commerciale opérée, depuis environ trente ans, par l'établissement des chemins de fer et le progrès des relations internationales? A quoi bon des foires, des marchés même, lorsque, grâce à la facilité des transports et à la profusion des intermédiaires, les marchandises, au lieu de vous attendre à poste fixe, viennent vous relancer chez vous?

Beaucaire, où se vendent les produits industriels de la Provence et du midi de la France, n'est plus, à beaucoup près, ce qu'il était autrefois, le rendez-vous des négociants de toutes les parties du monde. Novogorod, séculaire et principal entrepôt du commerce de la Russie, a, dans ces dernières années, perdu cinquante pour cent de son importance. Il ne reste plus aujourd'hui que quelques débris de son ancienne prospérité. Le temps n'est plus, d'autre part, où les Allemands couraient en foule s'approvisionner de livres à Leipsig. La foire de Sinigaglia, où l'on venait jadis de tous les points de l'Italie, se trouve maintenant si délaissée qu'elle pourrait à peine supporter la comparaison avec nos marchés français de troisième ordre.

La foire d'Alger est-elle à présent plus ou moins belle qu'autrefois ? Mettons qu'elle ait progressé, beaucoup progressé. N'importe ; l'illusion nous manque à son égard ; nous savons par induction, qu'elle n'a d'autre avenir que le sort obscur d'une fête de village avec ses bateleurs, ses jouets d'enfants et ses pains d'épices. Mais pis encore, au lieu de progresser, elle n'a donné chaque fois, depuis son origine, que l'affligeant tableau d'une décadence obstinée. Donc, si l'autorité veut m'en croire, elle lui dira l'an prochain : — Ma belle amie, vous coûtez fort cher à notre budget, et loin d'offrir la moindre utilité, le moindre agrément, vous n'êtes, pour la plupart des honnêtes gens, qu'un objet d'ennui et de scandale. Récapitulons en effet. Il faut payer votre éclairage, votre police et les dommages que vous causez partout où s'établissent vos industriels. Il faut aliéner un mois durant notre promenoir favori, un mois subir le spectacle fastidieux de vos grosses joies faubouriennes et de vos gâteries puériles. Le vrai commerce souffre de vos spéculations parasites. La morale réprouve vos loteries et vos tourniquets, vos géantes et vos fœtus. Nous ne vous supprimerons pas ; il ne faut rien supprimer, pas plus la foire que les corricolos. Le Seigneur a dit : Tu ne tueras point. Seulement, à part l'esplanade Bab-el-Oued, dont nous voulons bien encore, sous certaines conditions de police et de voirie, vous octroyer la jouissance, nous vous abandonnons à vos propres forces. Plus d'architecte communal, plus de quinquets municipaux, plus de musique militaire. A vous d'élever, comme bon vous semblera, vos baraques, à vous d'en éclairer les abords, à vous d'attirer le public par le bruit de vos trombonnes, de vos boniments, de vos cris. Si, dans ces conditions, vous parvenez à vivre, tant mieux pour vous et votre clientèle. Sinon, que la terre vous soit légère ; nous ne pleurerons pas votre mort. L'Algérie a grandi ; ce n'est plus une enfant. A quoi bon des hochets !

XI

LES COURSES ET LA FANTASIA

On a longtemps considéré, à Alger, la fantasia comme un complément indispensable des courses. C'est même, il faut croire, à propos de fantasia, que nos courses ont pris naissance. Le fait se perd dans la nuit, je ne dirai pas des temps, mais des origines de la colonie. Un vieil Africain seul pourrait trancher la question. Des fêtes militaires, des circonstances politiques, des cérémonies religieuses attiraient de temps en temps à Alger, des masses de cavaliers indigènes ; quelle meilleure occasion, pour ces farouches visiteurs, de se livrer à leur jeux favoris, de faire parler la poudre et de déployer leur adresse aux yeux des roumis que, tout en les méprisant, détestant, conspuant, ils étaient bien aise d'émerveiller ! Pour nous aussi, quel plus propice instant d'opposer aux mêlées bédouines les luttes magistrales de nos grands turfs européens !

Les premières courses toutefois laissèrent fort à désirer. Certaines d'entre elles, même, frisèrent la comédie. Les chevaux ne s'appelaient pas ; tous étaient des anonymes courant incognito, si bien que, pour les distinguer, les plaisants avaient imaginé quatre catégories : jolis chevaux, chevaux passables, moyennes rosses, rosses absolues. Il faut dire, à l'honneur de l'hyppodromie française, que les montures arabes dominaient parmi les rosses.

Mais cet état de barbarie céda promptement devant la vitalité même de l'institution. Bientôt l'on vit paraître sur la piste les *Kechena*, les *Hadida*, les *Barroud* et autres célébrités chevalines. Les coureurs, en même temps, se dégrossirent. Quittant, aux grands jours, la blouse ou la veste de travail, ils coiffèrent la casquette en coupole, endossèrent la casaque de soie dont les vives couleurs aident l'œil à suivre de loin les péripéties de la lutte. Enfin, de véritables amateurs, de riches propriétaires, des fonctionnaires de l'ordre le plus élevé tinrent à honneur de faire briller leurs chevaux, et s'appliquèrent par tous les moyens que suggère la science, à contribuer de leur mieux à l'amélioration de la race.

Peut-on affirmer néanmoins que le progrès eût été si vite et si parfaitement accompli si les fantasias, couronnement obligé de ces fêtes, n'avaient, en attirant le flot banal des curieux européens et indigènes, entretenu le zèle des coureurs ? Quoi de plus stimulant en effet, que ce quadruple rang d'ouvriers, de soldats, d'Arabes, de bourgeois, de dames parées, qui la plupart venus pour la fantasia, dont le spectacle pompeux et les accidents probables les intéresse toujours autrement que la robe, la race ou le succès de *Kechena*, n'en paraissaient pas moins accourus tout exprès pour suivre du regard, encourager du geste et saluer de mille cris flatteurs les jockeys et leurs montures !

L'arrêté préfectoral qui créait, en 1850, la foire d'Alger, rendit, en même temps, annuelles les courses dont, jusqu'alors, la date et l'ordonnance n'avaient eu d'autre loi que le caprice et l'occasion. Elles furent fixées au 1ᵉʳ octobre. Le Champ de Manœuvre de Mustapha leur fut assigné pour théâtre. Un nivellement préalable du terrain choisi pour hippodrome, une piste tracée en forme d'ellipse et d'un développement d'environ quatre cents mètres, une enceinte de planches pour les évolutions du carrousel, de vastes tribunes à l'usage du public et des autorités, enfin le concours des goums et de leurs chevauchées guerrières devaient eu favoriser l'exécution, en rehausser l'éclat. Ainsi fit-on jusqu'en ces dernières années.

La saison de 1852 restera, parmi toutes, célèbre dans le souvenir des sportmen algériens. Les étalons y défilèrent pour la première fois, et ce spectacle parut causer tant de plaisir qu'il s'imposa désormais au programme. Ensuite, une course de fond fut ajoutée aux courses ordinaires. Ce genre d'épreuve demande des efforts plus continus, offre des résultats plus sincères, et doit conduire par conséquent à des améliorations plus pratiques que les courses d'hippodrome. Sur le turf, un cheval anglais fera bien deux ou trois tours avec une rapidité supérieure à celle du cheval arabe, mais soutiendra-t-il, comme ce dernier, pendant trente minutes, une vitesse de quarante kilomètres et plus, à l'heure ?

Il s'agissait de franchir l'espace compris entre la la Maison-Blanche et la tribune du Champ de Manœuvre. « A trois heures, dit M. Berbrugger dont la plume facile a si souvent, et toujours avec un intérêt nouveau, rendu compte de nos sonnelités algériennes, à trois heures, cinquante-sept concurrents européens ou indigènes étaient rangés en ligne hors de la route, auprès de la Maison-Blanche, car il eût été impossible autrement de les ranger de front. Au signal de la

Commission, tous partirent au galop en s'efforcant de gagner le plus tôt possible le grand chemin dont ils se trouvaient séparés par un fossé. Vingt-six minutes s'étaient à peine écoulées depuis le départ de la Maison-Blanche, et les spectateurs, en attente au Champ de Manœuvre, ne comptaient pas encore voir arriver le héros d'une course de seize kilomètres, pour laquelle un maximum de quarante-cinq minutes avait été fixé. On aperçut donc, sans y faire grande attention, un Arabe arriver au galop et s'arrêter devant la tribune du Gouverneur général. Mais lorsque ce cavalier, descendu de cheval, se fut affaissé sur lui-même, et qu'on l'entendit s'écrier *star morto!* on commença à s'occuper de lui et à le presser de questions. A tout il répondait : *La carta star aqui*, en montrant sa ceinture. La carte dont il voulait parler était celle que chaque concurrent avait reçue au départ de la Maison-Blanche ; car cet Arabe exténué, dont la monture laissait ruisseler de ses flancs autant de sang que de sueur, cet Arabe était le vainqueur de la journée. A la vue des mille francs, prix qu'il venait de gagner, il revint à lui comme par enchantement. Le cheval fut aussitôt conduit à l'écurie, enfoncé dans une épaisse litière pour le ressuyer, massé et frictionné avec de l'eau-de-vie, puis saigné à blanc. Trois jours après, il reprenait la route d'Aumale, monté par son maître. Ni l'homme ni le cheval ne paraissaient se ressentir de cette course. »

Les courses de fond avaient donné de trop beaux résultats pour qu'on n'en renouvelât pas l'épreuve. Elles continuèrent effectivement de briller les deux années suivantes, et puis ensuite, tout à coup, on les raya du programme. Pourquoi cette suppression? La course de fond, si l'on y réfléchit bien, ne devrait-elle pas être la course principale, et avoir le prix d'honneur en Algérie?

Dans l'origine, les grands seigneurs arabes, les caïds, les agas, les bachagas, les khalifas, répondaient bien, comme aujourd'hui, à l'invitation de l'autorité militaire; on les voyait s'avancer majestueusement à la tête de leurs goums, couvrir de leurs tentes les coteaux qui dominent le Champ de Manœuvre; mais c'était de leur part un simple effet de courtoisie, et ceux d'entre eux qui se trouvaient le plus en mesure de concourir, se tenaient fièrement à l'écart. C'est qu'alors les courses étaient organisées sur le pied d'égalité qui distingue en général, et pour leur honneur, nos institutions françaises. Or, l'aristocratie musulmane n'aime pas à se mêler avec tout le monde dans les fêtes publiques. Il s'ensuivait qu'on ne voyait apparaître sur l'arène que quelques Européens non éleveurs et quelques Arabes des petites tentes.

Dès 1854, le maréchal Randon, frappé des inconvénients du système démocratique à l'égard des Arabes, créa, pour leurs chefs, des courses particulières, dont il rehaussa le prestige moyennant une entrée de cinquante à deux cents francs. Plus de quatre cents chevaux appartenant à cette catégorie se présentèrent dès la première année, et ce nombre ne fit plus ensuite que s'accroître.

En 1856, quelques paris, symptôme d'un intérêt sérieux, commencèrent à s'introduire dans les tribunes sans que pourtant, vu la modicité des sommes engagées, on pût craindre encore les abus qui, si souvent, se produisent aux réunions d'Epsom et de Chantilly. A la même époque, les beaux-arts, si difficiles à acclimater dans notre colonie, osèrent s'aventurer jusqu'au pied du Sahel sous forme d'un programme illustré par le maréchal-des logis Girardin. On y voyait, se déroulant en bordure, les exercices du carrousel, les charges de la fantasia et les mésaventures de la course des haies.

Enfin, en 1861, aux avant-dernières courses présidées par le maréchal Pélissier, si les chevaux donnèrent des résultats hors ligne, les tribunes, de leur côté, fournirent, pour les apprécier, des connaisseurs d'élite. On vit poindre aussi, dans l'enceinte réservée, le coupé, l'américaine, la calèche à quatre chevaux, dignes échantillons de ces vogues aristocratiques auxquelles les courses d'Angleterre et de France doivent leur principal éclat.

Maintefois, et dans les premières années surtout, des carrousels furent intercalés aux courses. Ce spectacle gracieux, variant à propos des exercices souvent un peu sévères, prévenait l'ennui que manque rarement d'engendrer l'uniformité. Les chasseurs d'Afrique étaient chargés de cette partie du programme. Ils montaient, pour cette circonstance, des chevaux de prix harnachés richement. Un grand carré, limité par des palissades, leur était réservé dans le Champ de Manœuvre, et la croix de Malte, la course du dard, la course des têtes à terre, la serpentine, la spirale, la mêlée, le défilé au tiroir ne manquèrent jamais d'exciter les plus vifs applaudissements. Les dames agitaient leurs mouchoirs, les Arabes trépignaient en criant : *Bono chassour ! Chassour bono !* Une fois, ces évolutions occasionnèrent un incident assez grotesque. Au moment où les chasseurs déchargeaient leurs pistolets, les six chevaux attelés à l'immense char qui servait de tribune à la Commission, effrayés par les détonations, prirent le galop dans la direction d'Alger. On eut quelque peine à les ramener à une plus saine appréciation de leurs devoirs. C'est depuis lors qu'on a coutume de dételer pendant les exercices.

Mais le véritable bouquet de nos solennités hippiques, ç'a toujours été la fantasia. La plupart des Algériens, colons aussi bien qu'indigènes, ne comprennent pas plus des courses sans fantasia, que le gourmet un dîner sans dessert. Qui n'a voulu voir ces tournois dramatiques où la beauté des chevaux, la richesse des garnitures, la variété des costumes ne le cèdent qu'à l'animation des visages et à la singularité des évolutions ! Et qui, pour peu que l'humeur descriptive le possède, n'a voulu raconter à sa manière ces scènes émouvantes dont le cadre splendide et les spectateurs pittoresques ne sont pas le moins vif attrait ! Inutile d'y revenir.

C'est vraisemblablement à ces rendez-vous annuels, à ces luttes pacifiques, à ces divertissements guerriers, que nous devons le premier abaissement des barrières que maintiennent encore, entre les Arabes et nous, tant de préjugés, tant de haine. Rien ne rapproche, ne lie, ne fusionne, comme un goût partagé pour de nobles travaux, pour d'utiles loisirs. Ces bandes étonnées d'hommes à demi sauvages qui regardaient naguère, sans les comprendre, les merveilles de notre civilisation, disparaissent peu à peu pour faire place à une population soumise et disposée à imiter nos mœurs.

La transformation du cavalier indigène fut le caractère dominant de la fantasia de 1853. Au lieu de ces groupes désordonnés qui récemment passaient devant la tribune, n'offrant aux yeux qu'un tourbillon d'hommes et de poussière, des troupes qui rappelaient nos escadrons s'avancèrent à des allures en même temps rapides et réglées. Les chefs avaient le sabre à la main ; des feux pleins d'ensemble éclataient à leur commandement Fantasia et défilé furent terminés par une immense marche en bataille, réunissant sur une même ligne les étendards de toutes les provinces. A quelques pas des tribunes, cette marche s'arrêta, et l'œil put se promener sur des masses immobiles d'où partit tout à coup une décharge prolongée de mousqueterie. Alors, au milieu d'un nuage de fumée, les drapeaux s'inclinèrent lentement devant le Gouverneur, et tous les chefs abaissèrent leur sabre.

Les insurrections du Sud, la maladie, la misère ont fait, depuis trois ans, supprimer la fantasia. Depuis trois ans, plus de ces camps bariolés dont les tentes émaillaient, quinze jours à l'avance, les coteaux de

Mustapha ; plus de ces goums remplissant, musique et drapeaux en tête, les avenues de la banlieue ; plus de ces cavaliers arabes aux burnous éclatants, aux selles brodées d'or, aux étriers fantastiques sillonnant les rues d'Alger ; plus enfin de ce mouvement, de ce bruit, de ce parfum bédouin qui donnait au Sahel un si grand caractère et dont la renommée hâtait l'arrivée des hiverneurs, curieux d'inaugurer leur saison par un spectacle de choix.

Depuis trois ans aussi, malgré leur tenue régulière, la valeur des chevaux et le talent des écuyers, les courses ont cessé d'attirer le même nombre de spectateurs. Dans les rangs éclaircis des Algériens qui viennent encore, aux jours solennels, entourer l'hippodrome de Mustapha, l'on distingue bien vite à leur lente démarche, à leurs longs bâillements, à leur prompte retraite, ceux qui naguère, attirés par la fantasia, n'obéissent plus qu'à l'appel d'une habitude machinale. C'est fête, les ateliers chôment, les boutiques vont fermer, on a besoin d'exercice : autant Mustapha qu'El-Biar, autant les courses qu'autre chose. Là, du moins, on verra du monde.

Mais n'est-il pas à craindre que ce restant de fidèles ne déserte à son tour le rendez-vous de l'hippodrome? Il faut être fièrement connaisseur en chevaux et curieux de luttes hippiques pour consentir à demeurer des cinq et six heures debout au soleil, à la poussière, ou juché sur les bancs négativement moelleux d'une tribune publique, dans le seul but de voir un individu qu'on ne connaît pas en dépasser un autre qu'on n'a jamais vu. Je mets en fait qu'à Paris même, le lieu par excellence des préjugés badauds et des plaisirs de commande, si la foule des curieux n'était là pour se divertir entre elle, si la beauté du site et l'agrément de la promenade n'étaient un suffisant attrait, les courses de chevaux n'auraient, la plupart du temps, d'autre public que les coureurs et ceux qui font courir.

Il est donc très important, ce semble, que les fantasias, depuis trois ans interrompues, ne soient pas définitivement supprimées. C'est un de ces mille détails qui, pris isolément, paraissent sans importance, mais dont l'ensemble détermine le progrès, le renom et la prospérité d'un pays.

XII

LA FEMME DU JOCKEY PISTACHE

J'ai fait, plutôt en historien qu'en amateur, la monographie des courses d'Alger ; car, il faut l'avouer, au risque de passer, en ce pays de fanatique hippodromie, pour un barbare, je n'ai jamais éprouvé que de très tièdes émotions aux péripéties de la piste. Je ne me rappelle m'être intéressé qu'une seule fois dans ma vie aux scènes du turf. L'anecdote vaut un chapitre. C'était en 1862. J'avais, l'année précédente, expérimenté les tribunes. Rien de plus ennuyeux ni de plus incommode. On est comme en prison. Pas le moindre souffle d'air, une chaleur intolérable, et pour peu qu'on occupe une seconde ou troisième banquette, l'obligation de s'y percher, vos voisins de devant n'ayant rien eu de plus pressé que de grimper sur la leur. Aussi, l'affiche de Dubos étala-t-elle vainement pour moi la séduction de sa couleur jonquille et de ses grandes capitales. Au lieu d'un billet de tribunes, ou plutôt de prison et de torture, je pris un livre, un album, des crayons, et m'armai d'une lorgnette à double tirage, invention nouvelle et qui, sous un moindre volume, a la puissance du télescope. Me voilà casé dans un omnibus, le *Lion du désert*. En un clin d'œil, il est complet : n'importe, des yaouleds enfourchent le timon, des biskris se juchent au faîte, et nous partons d'un galop effréné.

Le trajet d'Alger au Champ de Manœuvre n'est pas long ; il dure vingt minutes à peine ; mais pour un étranger, pour un artiste, pour le colon même, un jour de courses, quelle odyssée ! La foule est immense, en disproportion avec l'importance de la localité. On dirait une émigration, émigration de la tour de Babel, tant les langages sont divers, tant les costumes variés. Sur les trottoirs, le chapeau, la casquette, la chachia, le sombrero, le bonnet de police, la redingote, la blouse, la gandoura, les souliers, les sandales, les espadrilles, les pieds nus. Sur les bas-côtés, les voitures tantôt au pas et tantôt au galop, comme à Paris en carnaval, l'omnibus aux fournées populaires, la calèche aux soyeux falbalas, aux uniformes éclatants. Au milieu du chemin, les écuyers, les officiers, les chasseurs, les hussards, les goums. Toute une cavalerie de Bédouins avec leurs étendards aux bandes horizontales, leurs ajustements bigarrés, leurs bottes en maroquin rouge, leurs immenses chapeaux, leurs selles à dossier, leurs étriers profonds, leurs filaines de satin, leurs harnais brodés d'or. Et puis des incidents sans nombre : buveurs arrêtés aux fontaines, chevaux qui se cabrent, amazones qui tombent, ânes, mulets, chameaux errant à la traverse ; roues qui s'accrochent, cochers qui jurent, fouets qui claquent, gamins qui glapissent. Les rayons du soleil, safranés par la poudre d'un siroco brûlant, donnaient au paysage une coloration étrange. Le ciel semblait de plomb, la terre de cuivre, les arbres de fer-blanc rouillé. Les groupes que cachaient tour à tour des tourbillons de poussière, et que frappaient d'insolites lueurs, produisaient des illusions fantastiques.

On nous descendit tout près des tribunes ; mais laissant mes compagnons de corricolo se disputer au guichet les délices d'un perchoir aggravé par vingt-huit degrés de chaleur, je poussai jusqu'au pied des collines et suivis un petit sentier ombragé par deux haies de lentisques. Il me conduisit sur un mamelon qui dominait un site immense où toutes les beautés de la nature semblaient comme à plaisir réunies. Le Champ de Manœuvre en formait le centre, et dessinait en ellipse allongée sa piste dont le sable jaune tranchait légèrement sur l'herbe cendrée de l'arène. Au-dessus du champ s'étageaient, le rivage ourlé par l'écume des flots, le golfe d'un bleu doux que mouchetaient des voiles blanches, et tout à l'horizon, noyés dans la vapeur, le cap Matifou, le petit Atlas et le Djurdjura. Au-dessous, dans un ordre inverse, les tribunes pavoisées, la route de Blidah, quelques maisons de plaisance, des massifs de thuyas, des bosquets de lauriers, des jardins d'amandiers, de jujubiers, de citronniers, formant vallon et s'élevant de pente en pente jusqu'à moi. Sur la droite, une habitation mauresque avec des murs aussi blancs que la neige, des fenêtres grillées à la turque, une terrasse, une coupole et de grands cyprès plutôt noirs que verts. Magnifique sujet de tableau. A gauche enfin, la silhouette d'Alger qui, malgré nos ravageurs, conserve encore quelque peu de son cachet oriental ; le port enceignant dans ses bras de pierre un vaste losange d'azur ; le fort l'Empereur au sommet de la montagne ; et puis une macédoine de villas, de routes, de sentiers, de bois, de tentes, d'édifices à décourager la nomenclature.

Un caroubier touffu, plein de chatons efflorescents, m'abritait du soleil. Des fanes d'asphodèles émailléesde fleurettes roses (la scille parviflore et la scille aux feuilles obtuses) couvrait la terre d'un tapis moelleux. L'air était doux, presque frais, embaumé par le parfum des menthes et la résine des sapins. Deux jolies chèvres, une vache, un agneau dormaient à quelques pas, dans l'ombre tamisée des arbres. Des volées d'oiseaux, des papillons jaunes, des demoiselles bleues traversaient par instants l'espace, se cherchant, se fuyant, se jouant, picorant. La verdure, la fraîcheur, la solitude et le silence de ce lieu causaient d'autant plus de plaisir qu'on en avait sous les yeux, à huit ou neuf cents pas, le contraste. Quel plus charmant observatoire ! L'ennemi des tribunes y prend place, ouvre son livre, son album, ajuste sa lorgnette, et tour à tour se met à lire, à dessiner, à contempler le paysage.

Cependant l'hippodrome s'était bordé d'un triple rang de spectateurs. Les Bédouins y parurent bientôt massés par divisions autour de leurs drapeaux, et galopant avec ensemble, ils se rangèrent en longue ligne au milieu de l'ellipse et demeurèrent immobiles jusqu'au moment où des roulements de tambour annoncèrent l'arrivée du Gouverneur. Faisant alors feu de tous leurs fusils, ils s'élancèrent de nouveau et coururent à bride abattue se grouper par sections à droite des tribunes.

Ces préludes finis, je laissai la lorgnette et repris le crayon. Quel intérêt pouvaient en effet m'offrir ces messieurs verts, cannelle, roses ou bleu de Prusse, ces chevaux alezans, isabelles, cendrés ou bais s'élançant tour à tour par deux, par trois, par quatre, et dévorant l'espace en plus ou moins de secondes ? Et je fis son procès à notre pauvre espèce humaine pour s'en aller ainsi courir, comme un vil troupeau de moutons, au plus ennuyeux des spectacles. Que des officiers, des sportmens, des jockeys, des maquignons, des palefreniers, des cochers même y cherchent leur plaisir, passe encore, me disais-je ; mais des femmes, des enfants, des épiciers, des gens enfin qui n'ont peut-être jamais de la vie touché un cheval, n'est-ce pas vraiment ridicule ?

J'en étais là de mes réflexions, quand une voix d'un timbre harmonieux se fit entendre à quelques pas :

— Viens, Zora, nous verrons mieux d'ici.

Et bientôt je vis apparaître une fort agréable personne. Type andaloux : teint brun, cheveux noirs, paupière allongée, regard doux et brillant. Toilette simple et de bon goût : robe blanche à petits carreaux gris, mantelet de pareille étoffe ; une capette nankin sur la tête. Elle avait à la ceinture un de ces bouquets de cassie et de feuilles de géranium que l'on vend en hiver dans les rues d'Alger. D'une main elle tenait une ombrelle dont elle ne se servait pas, et de l'autre une petite jumelle de cuivre en assez mauvais état. Elle ne s'aperçut pas tout d'abord de ma présence et s'assit dans l'ombre même de mon caroubier. Celle qu'elle avait interpellée ne tarda pas à la rejoindre. C'était une négresse.

A peine en place, l'Andalouse avait lorgné le Champ de Manœuvre. Elle paraissait en proie à une émotion très vive.

— Le vois-tu, Zora? disait-elle à sa compagne. C'est si loin qu'on distingue à peine.

La négresse leva la tête, écarquilla ses yeux de bœuf et fit avec le mufle qui lui sert de bouche une moue négative. L'autre alors, d'essuyer les verres, de tourner, de tirer et de rentrer vingt fois les tubes de son défectueux instrument. Inutiles efforts. De dépit, elle le jeta par terre et se croisa les bras. La galanterie, la bienséance, l'humanité, tout me disait d'intervenir. Je me levai, fis quelques pas et présentai ma jumelle à double tirage. Cette brusque révélation d'un voisinage inattendu ne parut pas trop effrayer la dame. Elle avait d'ailleurs dans sa négresse un chaperon formidable qui enlevait à notre tête-à-tête en ce vallon solitaire, au pied d'un même caroubier, toute interprétation maligne. Elle accepta mon offre en souriant, et ce furent aussitôt des exclamations de surprise et de joie.

— Admirable! parfait! disait-elle; tout se présente absolument comme si l'on y était. Voici une dame avec des grappes de raisin sur son chapeau, des messieurs avec de grandes bottes noires et des bavolets de calicot blanc.

Peu à peu cependant une attention plus concentrée succéda à ces premiers transports. Elle ne s'interrompait plus que pour me proposer de temps à autre, par acquit de conscience évidemment, tant sa voix était faible et son geste timide, la restitution de mon bien. Mais j'avais trop de plaisir à la voir heureuse pour tenir compte de ses scrupules. Je rouvris même, afin de lui laisser une sécurité plus entière, mon album que cette aventure m'avait fait poliment fermer.

— Comment se peut-il, monsieur, me dit-elle quelques instants après, comme pour me payer, par un gracieux entretien, de ma complaisance, comment se fait-il que vous ne soyez pas là-bas un jour pareil?

— J'ai craint de m'ennuyer.

— C'est qu'alors vous n'êtes pas du pays. Autrement vous connaîtriez, sinon un coureur, du moins l'ami, du moins le voisin du parent de l'ami d'un coureur, et cette unique connaissance suffirait pour vous intéresser.

— Croyez-vous donc que chacun des cinq ou six mille badauds que nous voyons autour de la piste, sans compter ceux que nous cachent les tribunes, ait un motif aussi puissant pour venir ?

— Certes. Tenez, voici par exemple à droite, auprès de la tente, le petit Maure qui me fournit de fleurs. Quand il a su que mon mari devait courir, il a déserté son échoppe, et quitte à ne pas manger demain, il a suivi la foule. Enfin, ne serait-ce, après tout, que le plaisir de voir du monde !

Donc, amende honorable à cette pauvre espèce humaine, pensai-je. Et tout haut : — Madame, puisque vous avez un mari qui court, permettez-moi de vous retourner la question que vous m'adressiez tout à l'heure : Comment se peut-il que vous ne soyez pas là-bas ?

— J'ai craint de m'y passionner trop. Je suis extrêmement nerveuse ; une attaque est bientôt venue. Tandis qu'ici, de loin, au grand air, il me sera plus facile de supporter les péripéties de la lutte.

— Vous me paraissez exagérer l'importance de ces courses.

— Oh ! monsieur, c'est qu'il s'agit pour moi d'un grand chagrin ou d'un grand bonheur. Si mon mari gagne le prix, nous faisons un voyage en France et nous allons embrasser ma mère que je n'ai pas vue depuis quatre ans,

— En France ? Je vous avais prise pour une Espagnole.

— Espagnole en effet, mais mes parents sont établis à Cannes.

— Charmant pays.

— Vous le connaissez ?

— Beaucoup. J'y suis allé plusieurs fois dessiner, et j'ai même demeuré tout un mois dans l'île Saint-Honorat.

— L'île Saint-Honorat ! Mais il n'y a qu'une maison habitable dans l'île Saint-Honorat, et c'est la maison de mon oncle Pedro.

— Comment ! vous seriez la nièce de ce bon M. Pedro chez lequel j'ai trouvé une hospitalité si parfaite ? Le digne homme ! Je ne pense jamais à lui sans plaisir, et, vous le dirai-je aussi, sans remords. Il était convenu entre nous que je lui laisserais une de mes ébauches, et puis, au moment du départ, j'ai complètement oublié ma promesse. Il n'a sûrement pas osé réclamer. Voilà plus de dix ans. L'à-propos faisait le seul prix de ce don. L'envoyer par la poste eût été ridicule. Mais puisque vous allez bientôt revoir ce brave ami, si vous lui remettiez de ma part, comme simple souvenir, comme carte de visite, le dessin que j'achève en ce moment...

— Bien volontiers. Mais le ferai-je ce voyage ? Tout dépend de la course.

Puis, changeant soudain le ton de sa voix : — Ah ! le voilà, s'écria-t-elle, voilà mon mari, le jockey pistache. C'est son tour. O mon Dieu !

Deux cavaliers venaient en effet de partir, l'un saumon, l'autre pistache. Les chances d'abord parurent égales ; mais vis-à-vis de l'hôtel des bains, le saumon dépassa son concurrent d'une tête. Ma voisine était immobile, oppressée, haletante. Au tournant de la piste, les deux lutteurs se retrouvèrent de front.

Rien ne se gagne comme l'intérêt. Il me sembla que la béatitude ou la désolation était aussi pour moi au bout de cette épreuve. Et, toute exagération à part, la juste réparation d'un désobligeant oubli, le payement opportun d'une dette du cœur, la satisfaction du bonhomme Pedro, le ravissement d'une jolie femme, la félicité d'une mère ne s'y trouvaient-ils pas réellement engagés ?

Parvenus devant les tribunes, les deux coureurs

nous furent un instant cachés. On devine avec quelle anxiété nos yeux se fixèrent, pour les atteindre, au pied du char de la commission. Le sportman saumon parut le premier... Je regardai ma voisine. Elle pleurait. J'allais, de colère, déchirer mon dessin.

— Mais ce n'est pas fini, ils ont encore un tour, m'écriai-je en voyant les deux adversaires continuer leur ronde effrénée.

Le cavalier pistache regagnait insensiblement le terrain perdu, et faisant un suprême effort, il parvint le premier au but. On comprend la joie de la belle Andalouse. Elle essuya ses pleurs, se leva prestement comme un oiseau qui s'envole, et tirant Zora par la manche, elle s'élança vers le Champ de Manœuvre.

— Et la fantasia ? lui criai-je.

— Ce sera pour l'année prochaine.

— Et ma commission ?

— C'est trop juste.

Elle revint sur ses pas et prit mon dessin. Moins d'une minute après, elle avait disparu derrière les thuyas.

Est-ce favorable disposition d'esprit, est-ce effet de la perspective ? L'un et l'autre sans doute ; mais la fantasia me parut plus belle que jamais. On en distinguait, de la hauteur où j'étais placé, les divers épisodes. On pouvait suivre d'un bout à l'autre, et toutes à la fois, les charges rapides des cavaliers. Il y eut un moment d'illusion étrange. Le soleil s'était caché ; un nuage de fumée, de poussière et de vapeur mêlées épaississait l'air. Le turf, borné au nord, comme j'ai dit, par le rivage, sembla tout à coup, mais à s'y tromper, une section verticale des profondeurs de la mer. Ainsi la figurent les iconographes dans les dessins explicatifs de la cloche à plongeur ou de la pêche du corail. Et les Bédouins qui galopaient dans cet espace indéfini, sans ombre, sans reflet, sans point d'appui visible, avaient l'air de poissons chimériques nageant, glissant, luttant, se poursuivant au fond des ondes. Puis, quand les goums, drapeaux en tête, s'avancèrent de front vers le gouverneur pour lui rendre le solennel hommage, un puissant rayon de soleil jeta sur toute cette scène une clarté d'apothéose.

C'était le bouquet. Je redescendis en courant la colline afin d'arriver assez tôt pour les omnibus. La *Frégate à vapeur* me reçut à son bord. La route était hérissée d'encombrements. Piétons, cavaliers et voitures s'en disputaient l'étroite chaussée. Il fallait s'arrêter à tout moment pour laisser passer des files de soldats, des troupeaux d'Arabes, des compagnies de dignitaires.

Pendant ces embarras, j'aperçus tout à coup ma charmante connaissance du caroubier à la fenêtre d'une maison de l'Agha. Son mari pistache était auprès d'elle. Au risque de commettre une indiscrétion, j'agitai vivement mon chapeau. Je fus de suite remarqué. La dame inclina gracieusement la tête. Le cavalier, probablement informé de l'aventure, me salua en souriant. Puis tous deux me montrant la ligne de l'horizon, dans la direction de la France, ils firent de la main le geste d'un vaisseau qui vogue doucement bercé par la brise.

XIII

LES CAFÉS

Il faut se défier des amis guérisseurs. Ils ont toujours à vous offrir d'excellentes recettes dont l'ordinaire effet est d'aggraver vos maux. — Que ne m'imitez-vous, me dit, un jour, un de ces officieux. Je souffrais comme vous : fatigue générale, sommeil troublé, peu d'appétit, humeur noire. Les médecins me saturaient de drogues : bismuth, arsénic, goudron, iodure, que sais-je ! Et plus j'avalais, et plus j'empirais. Un beau matin, de guerre lasse, je jetai par la fenêtre ces pharmacopées nauséeuses, et je me mis tout simplement... devinez ! au café noir. Le café noir a fait merveille. Prenez-moi du café noir.

Le café noir bien sucré, bien chaud, et troublé seulement par quelques gouttes de crême, constitue, je l'avouerai, un remède assez tentateur. Et puis, en Afrique, l'exemple et l'hygiène s'accordant pour vous conseiller le café, pourquoi, si peu de bien qu'il m'ait jamais produit, n'essaierais-je pas d'en prendre ? Je me mis donc au café noir.

C'est la seule époque de ma vie où j'aie sacrifié aux autels de la demi-tasse et du petit verre. La Bourse, Apollon, feu Bosa, feu Valentin, feu Kolb eurent tour à tour ma visite. Il s'agissait de choisir ; et bientôt mon goût se forma, moins pourtant en raison de la qualité des consommations qu'en égard à la commodité du local. Je trouvai les tables extérieures de la Bourse trop exposées à l'air humide, trop harcelées surtout par la horde des colporteurs, des mendiants et des violonneux. Dans le jardin du café d'Apollon, ces orangers, ces lauriers roses reliés entre eux par des guirlandes de feuillage offraient un charme réel, mais on ne voyait presque pas la mer. Même défaut à la Bosa que, du reste, recommandait sa tonnelle de pampres et son massif de bellombras. Valentin manquait de verdure. J'éprouvai d'ailleurs je ne sais quel froid à l'aspect de sa clientèle toute composée de gens graves et correctement habillés. Kolb, au contraire, étalait tout ce qu'un consommateur plus fantaisiste que gourmet peut raisonnablement désirer : vaste salle d'hiver toujours pleine d'une foule aussi bigarrée que bruyante, riant salon d'été tapissé de plantes grimpantes, et partout la vue de la mer. Adopté donc le café Kolb !

Je ne tardai pas à remarquer, invariablement assis dans le même coin, entre un pied de basilic et des touffes de géranium, un vieillard de l'aspect le plus digne et le plus sympathique. Sa barbe et ses cheveux, très épais encore, étaient blancs, son teint calme et reposé, sa mise propre, cossue et frisant la coquetterie. Il avait toujours devant lui des journaux, et son temps se passait entre la lecture et l'observation. A rares intervalles il humait une gorgée de sa tasse ou tirait quelques bouffées d'un cigare qu'il lui fallait presque chaque fois rallumer.

Son attention avait une ténacité singulière. Regardait-il l'horizon, les nuages, une plante, un consommateur même, il n'en finissait plus. Je l'ai vu des heures en arrêt sur un chat endormi, sur une toile d'araignée. Ce n'était pas, on le voyait bien, sottise, mais méditation intelligente et profonde.

Un jour que j'étais assis près de lui, son regard tomba sur moi, clair, incisif, obstiné. Nul moyen de se formaliser : la bienveillance s'y lisait autant que la curiosité. Je devais, du reste, exciter une légitime surprise. Je revenais de peindre au vallon de la Femme-Sauvage. Attardé plus que de coutume, je n'avais pas pris le temps de monter chez moi pour déposer mes ustensiles ; de sorte que ma table et les chaises environnantes étaient littéralement encombrées. Ici le parasol avec sa pique, là le pliant et la boîte à couleurs ; plus loin des masses de fleurs et, brochant sur le tout, une tige de férule destinée comme perchoir à mes petits caméléons. De plus, craignant de perdre le souvenir encore frais du modèle dont je n'avais pu, faute de temps, saisir que les masses principales, je me livrais, sur mon esquisse, à des retouches effrénées. C'était un de ces figuiers aux larges feuilles luisantes et et dont les rameaux, à mesure qu'ils s'étendent, projettent sur le sol des racines destinées à leur servir de support : le *ficus elastica*.

Notre homme n'eut pas plutôt jeté les yeux sur mon travail qu'il s'écria : Vous venez donc du Brésil ? J'ai vu des arbres à peu près pareils sur les bords du Sagnassou, aux environs de Santa-Cruz. J'étais bien jeune alors. Quels souvenirs ! Et quel pays ! La soif des aventures me dévorait. Nous étions trois, bien portants, vigoureux, intrépides. Notre vie se passait à chasser, herboriser et dessiner dans les forêts vierges,

Une barque, approvisionnée pour quinze à vingt jours de voyage, nous y promenait en remontant le cours sinueux de la rivière. Nous voguions sous des arcades formées par des myriades de palmistes au tronc si frêle que le moindre vent les courbait comme des roseaux. Ils supportaient néanmoins d'épaisses tresses de lianes dont les festons, toujours verts et fleuris, embaumaient délicieusement l'air. Quantité de beaux oiseaux, martins-pêcheurs, aigrettes, hérons empanachés, traversaient, en poussant de longs cris, ces pompeuses solitudes. J'ai conservé des dessins, des récits empreints de l'enthousiasme et du bonheur qui me comblaient alors. Eh bien, est-ce réelle supériorité du site, est-ce plutôt effet de l'âge (vieux, on aime le repos), quand je suis ici je ne regrette rien. Ni les mangliers, ni les palmistes, ni la jeunesse n'ont, ce me semble, jamais valu les tranquilles heures que je passe journellement depuis des années, sous cette tonnelle, à lire les journaux, savourer le moka brûlant et causer avec les voisins en présence du plus magnifique horizon. Regardez-moi ce port, cette mer, ces montagnes avec leur cadre de verdure. Quel incomparable tableau!

Un autre jour que je lisais un récit d'explorations scientifiques à Ceylan, il prit mon livre pour en voir le titre. La fréquence du voisinage nous avait rendus familiers, presque amis. — Ceylan, beau pays, mais bien chaud! fit-il en fermant à demi les yeux comme pour rassembler de lointains souvenirs. Quand j'habitais Colombo, qui en est la capitale, j'avais organisé dans ma maison une vingtaine de pounkas. Votre livre parle-t-il des pounkas? Ce sont de gigantesques éventails, ou cadres légers, que des domestiques, cachés derrière un paravent, un arbuste, un rideau, agitent incessamment. C'est l'usage à Ceylan. On en place partout dans chaque chambre, au-dessus de chaque tête. Les hôtels garnis, les tribunaux, les églises même en sont pourvus.

Puis, levant la tête et parcourant du regard la tonnelle à haut plafond qui nous abritait du soleil : — C'est égal, poursuivit-il, on est cent fois mieux ici que dans les plus belles villas de Ceylan. Quelle grâce dans ces réseaux de senneçon grimpant, de jasmin et de volubilis! Tenez, voyez surtout là-bas ce pan flottant de feuillage et de fleurs d'un bleu si vif que le lapis même pâlirait auprès. Comme le vent de mer amoureusement les balance avant d'arriver jusqu'à nous! Bah! foin de Ceylan et de Colombo! L'agitation des pounkas ne valut jamais ce susurrement de la brise à travers les mailles réfrigérantes du réseau de maître Kolb.

J'ignore exactement combien de temps le bonhomme passait chaque jour dans son café favori, mais n'importe l'heure on était certain de l'y rencontrer. Un soir que très tard j'y vins pour boir un grog à la glace, il était là, l'air rêveur mais béat, dans son coin. Je m'assis près de lui. — Tenez, me dit-il, je suis depuis une heure en extase devant ce couple amoureux. Vous voyez bien, là-bas, dans l'ombre épaisse du chèvrefeuille. Les trouées de la tonnelle tamisent sur eux l'ardente clarté de notre pleine lune africaine. On les dirait soutachés de pièces d'or. Les cornets embaumés du datura stramonium épanchent au-dessus d'eux leurs parfums pénétrants. Voici la tête du jeune homme qui se dessine en silhouette bouclée sur les reflets étincelants du golfe. Quelle scène ! J'ai, dans ma jeunesse, à l'exemple de Lamartine, promené mes amours, en barque pavoisée, sur les flots virgiliens de Sorrente et de Baies. J'ai chanté sur un luth, aux pieds d'une bien-aimée, les divins sonnets de Pétrarque, tandis qu'inclinée vers Misène, la lune pâlissait dans les feux du matin. Eh bien, j'envie presque, pour mon souvenir, le sort de ces amoureux de café. L'amour et la poésie devront beaucoup à maître Kolb.

Au bout d'un mois, les effets de la demi-tasse n'ayant pas répondu aux promesses de l'ami guérisseur, je cessai de fréquenter la tonnelle et son panégyriste attitré. D'autres habitudes suivirent, et j'avais oublié le communicatif vieillard, lorsque dernièrement en traversant les allées solitaires du jardin Marengo, je le vis assis sur un banc. Il lisait, ou plutôt il tenait un livre, car ses regards distraits erraient à l'aventure. Sa physionomie avait aussi je ne sais quoi d'inquiet et de douloureux.

— Seriez-vous malade? lui demandai-je en serrant vivement la main qu'il me tendait.

— Malade, non encore, mais déjà bien à plaindre. Si l'usage du café n'a pu vous convenir, il était pour ma gaieté, pour mon bonheur, pour ma vie, un agent indispensable et j'ai dû l'abandonner.

— Pourquoi?

— Les cafés Valentin, Kolb et Bosa détruits par les embellisseurs (Dieu les damne!) j'ai, les yeux pleins de larmes (et ceci, croyez-le, n'est point une hyperbole), tâché de m'habituer ailleurs. Impossible. A l'ouverture des riches établissements qui, le boulevard fini, se sont élevés aux lieux où florissait naguère ma tonnelle rustique, j'ai pu croire un instant que la même exposition me rendrait les joies d'autrefois. Erreur! Avez-vous, par exemple, essayé les tables extérieures des nouveaux cafés Bosa et consorts? Les cristaux sont plus fins, les théières plus luisantes, les garçons mieux vêtus que chez Kolb, d'accord ; mais la détestable situation ! D'abord, le sol y est tellement en contre-bas du boulevard, que non-seulement le consommateur ne peut voir la mer, mais qu'au lieu de dominer les passants, il doit, pour les distinguer, lever la tête à se la décoller. Ainsi font, dans leur trou d'orchestre, les musiciens de théâtre. Les tables et les bancs y sont ensuite parfois, vu le bombement de la chaussée, si fortement inclinés, qu'on se croirait sur des montagnes russes. Rien de plus incommode. Les bras manquent d'appui, le corps glisse, la soucoupe déborde, le verre tremble, tombe, se brise. Encore, si la pente allait du côté de la mer ! Mais non, c'est pour les arcades souvent sombres et solitaires, qu'elle étage ses spectateurs. Maintenant, au moindre zéphyr, des tourbillons de poussière ; à la moindre averse, des gouttes d'eau, malgré la protection d'un vélum plus ou moins asiatique. Et puis en tout temps, à toute heure, des curieux, des mendiants, des joueurs de triangle et d'orgue de Barbarie. Bref, plus ni calme, ni poésie, car ces caisses d'arbustes reliées par de maigres lianes ne vaudront jamais les parois et le plafond treillagé du regrettable Kolb.

— Vous pourriez cependant, interrompis-je, trouver ailleurs des cafés-tonnelles....

— Illusion ! Est-ce que, depuis quinze ans, tout ce que nous avions, à Alger, de bon, de commode, d'aimable, n'a pas disparu sous couleur de progrès et d'embellissement ? Voyez plutôt... Mais je me tais. Je professe, à cet égard, des opinions qui feraient, à bien des gens, dresser les cheveux sur la tête. Croiriez-vous, par exemple, que j'ai regretté cette voûte du Génie si dangereuse, mais si pittoresque ?

A ces mots, le vieillard me tendit la main de rechef.
— Pour mes adieux, ajouta-t-il. Je pars demain ; je vais redemander au Brésil, à Ceylan, à Sorrente, les impressions de ma jeunesse. Les y retrouverai-je ? Si les novateurs savaient ce qu'un coup de pioche, un arbre de moins, peut détruire de bonheur ! Hélas ! tout nous quitte, en vieillissant, plus vite que notre corps même, et l'on meurt moins de ce qui tombe en nous que ce qui disparaît à l'entour.

Moins intéressé dans l'affaire que le vieil habitué de Kolb, je ne l'imiterai ni dans ses homélies, ni dans sa fuite. Autrement grave sera le motif qui me dégoûtera de la patrie algérienne. Je me contenterai d'avancer platoniquement, philanthropiquement que, moi aussi, je préférais de beaucoup les anciens cafés aux nouveaux. MM. les industriels qui font valoir, ou ont fait valoir ces derniers, partagent, je suppose, à ce sujet, mon avis. Des désastres récents ont prouvé que le faste du local et le luxe du matériel ne valent pas toujours. à Alger. l'économique installation d'un simple berceau de verdure. Nous avons encore trop peu de richards pour défrayer ici, comme à Paris, comme à Lyon, comme à Marseille, les cariatides des portes et la dorure des lambris ; mais nous possédons assez d'esprits justes pour trouver que, dans un pays où la douceur du climat et la beauté des perspectives font, neuf ou dix mois sur douze, rechercher la vie extérieure, une tonnelle avec son air frais et suave, avec ses points de vue resplendissants comme autant de tableaux dans les encadrements de feuillage, est mille fois plus agréable qu'un salon si riche qu'il soit.

Aussi, pensé-je fermement que, le jour où quelqu'un de nos grands cafés voudra se distinguer des autres et captiver la faveur du public, ce qu'il aura de mieux à faire sera, non de vernir les moulures de son plafond ou d'augmenter le luxe de ses stores, mais d'étendre et d'améliorer le rudiment de jardin qu'il exploite sur le boulevard. Et, pour amélioration primordiale, indispensable, je conseillerai d'exhausser de cinquante centimètres environ le plancher qui, couvrant le ruisseau, longe les piliers des arcades. Ce plancher, auquel on accéderait, du côté des galeries, par deux ou trois marches, et qui viendrait mourir à niveau de la chaussée, aurait le double avantage d'offrir aux consommateurs un sol plus uni, plus horizontal, et des sites moins encaissés. M'est avis qu'il faudrait aussi trouver mieux que des pots de grenadiers et des caisses d'orties pour briser la colonne d'air qui, tantôt âpre mistral et tantot brûlant simoun, vient si souvent balayer la longue ligne du rempart. Des treilles, des murs mêmes ne seraient pas de trop. Mais la police, la voirie... Ah! qu'un ami guérisseur aurait aujourd'hui de peine à me ramener au café!

XIV

BAB-AZOUN

Voulons-nous, étrangers, touristes, immigrants de la dernière heure, nous figurer exactement ce qu'étaient autrefois les rues basses d'Alger, interrogeons le souvenir des *vieux Africains*, ainsi que se nomment eux-mêmes les doyens de la colonie (ils sont encore, Dieu merci, nombreux) ; étudions, pour l'analogie, ce qui reste par ci par là, rue des Consuls, rue de la Charte, rue des Lotophages, de constructions indigènes ; lisons les écrits inspirés par les premiers faits de l'occupation : le *Voyage* de Rozet, l'*Algérie française* d'Arsène Berteuil, la *Physiologie d'Alger*, par Montagne, la collection de l'*Akhbar* et du *Moniteur algérien* ; consultons notamment l'*Algérie pittoresque* de

M. Berbrugger avec les grands dessins de Genet, Bayot, Morel-Fatio, Raffet et Victor Adam qui l'illustrent.

La grande artère, qui s'étend aujourd'hui de la porte Bab-el-Oued à la porte Bab-Azoun et se confond, au milieu de son parcours, avec la place du Gouvernement, existait déjà tout entière, y verrons-nous, au moment de la conquête, mais dans des conditions bien autres de largeur, d'alignement et de perspective. C'était une succession de petites rues étroites, tortueuses, mal pavées, mal soudées entre elles, et changeant de nom à chaque voie transversale : Aïn-Chera, Dar-el-Sultan, Chemaïn, Caratine, Souk-Kebir, Saragin, Setarin, etc.

Les maisons riveraines offraient, mais avec un peu plus de richesse et d'élégance, ce bizarre et pittoresque fouillis de porte-à-faux, voûtes, lucarnes, kéroudjis, seuils xhaussés, baies cintrées, chambranles sculptés, étages surplombants, coupoles et minarets, que les artistes et les curieux sont obligés maintenant d'aller chercher dans les quartiers perdus.

Les principaux cafés, les principales boutiques de barbier, les seuls magasins de quelque importance se trouvaient là, fréquentés du matin au soir par l'élite des oisifs et des affairés. Là, les réservoirs plus nombreux attiraient la majorité des Biskris, leur seau de cuivre sur l'épaule. Car, dans beaucoup de rues, pour suppléer à l'insuffisance des fontaines, on entretenait, scelées dans le mur et remplies d'eau plusieurs fois par jour, des jarres à robinet.

La porte d'Azoun qui terminait, au midi, ce rendez-vous privilégié de la population mograbine, ne manquait pas d'élégance. Elle était construite en pierre de taille et surmontée d'une voûte à plein cintre. Mais un platane gigantesque en formait, sans contredit, le principal ornement. Ce platane avait près de quatre cents ans. « L'orient, dit, à ce propos, M. Toulouze, son historiographe, fut toujours la patrie des centenaires et des patriarches. On l'avait surnommé le *géant séculaire*. Bien mieux que le fameux comte de Saint-Germain, il pouvait dire qu'il avait toujours vécu. Lui seul était resté debout au milieu des ruines de trois siècles ; lui seul, dans la fière cité d'Afrique, il avait vu trois tentatives d'invasion sans en être ébranlé. En 1541, il avait vu l'humiliation de Charles-Quint qui ne put aborder sur la rive où il était maitre et seigneur. En 1682, il vit Duquesne lui-même échouer sur les bords qu'il habitait. En 1816, il sourit de l'insuccès de lord Exmouth. En 1830, il vit les armées françaises envahir cette ville d'Alger la *Bien gardée*, mais sans se courber ou s'incliner devant les conquérants de sa patrie. » Les vieillards et les enfants l'admiraient et le vénéraient à l'égal d'un Dieu, car on le croyait immortel. Les anciens juges musulmans rendaient leurs arrêts sous son ombre. Comme le chêne de Saint-Louis à Vincennes, l'arbre de Bab-Azoun était un lit de justice. Maintes légendes sont mêlées à son histoire, et notamment celle de Sidi Mansour, un saint de l'antique Icosium, dont il ombrageait le tombeau.

Ce tombeau, composé d'une koubba ou marabout que la ferveur des croyants entretenait, à force de badigeon, dans une étincelante blancheur, était un des monuments les plus pittoresques du quartier. Les fidèles qui venaient, plusieurs fois par jour, y prier, l'ornaient incessamment d'amulettes et de drapeaux. Mais ce n'était pas le seul curieux souvenir que notre grand platane couvrît de ses rameaux. A quelques pas de là se voyaient scelés, dans les parois extérieures du vieux mur d'enceinte, les terribles crochets de fer destinés jadis à recevoir les corps des criminels précipités du sommet des créneaux. La crête du mur conservait encore, à cette époque, quelques restes des têtes que les Barbares y tinrent si longtemps rangées ; et peut-être qu'en regardant bien, on eût pu découvrir, sur les ais vermoulus de la porte mauresque, la trace du poignard de Ponce de Balaguer.

La porte d'Azoun franchie, on trouvait, descendant à gauche vers la mer, et montant à droite vers la Casbah, les murs crénelés et le grand fossé statégique dont il ne reste plus guère aujourd'hui que le ravin du Centaure et les remparts effrités qui le dominent. Puis venait un îlot de casernes, de fondouks, de maisons informes, faubourg inévitable que recommandait à la piété des femmes stériles le marabout de Sidi-Abd-el-Kader-el-Djelali, et que signalait, entre autres ombrages, ce magnifique palmier dont feu M. Parère s'était constitué le gardien, et qui naguère brisé par un coup de vent, parut si généralement regretté que l'administration s'empressa de le remplacer par celui, moins beau sans doute, mais fort agréable encore, que nous voyons aujourd'hui balancer, devant la manutention, son aigrette caractéristique.

Le premier soin de nos troupes victorieuses, après la capitulation d'Alger, ce fut d'élargir l'enfilade des ruelles qui se suivaient tant bien que mal, zigzaguant entre les deux portes. Jugez donc : les canons n'y pouvaient passer ! Et tôt d'écornifler à droite, et vite de raser à gauche, ensemble, indistinctement, la colonne de marbre blanc et l'étançon de cèdre vermoulu.

D'autres, un jour, rechercheront par quelle série d'aventures la plupart des maisons de la ville basse sont, en peu de mois, passées des mains de l'indigène en celles du vainqueur. Ce sont questions ardues qui nous retarderaient, nous fourvoieraient peut-être. Passons, et venons de suite au fait accompli. Bientôt donc, devant les cours éventrées, s'élevèrent des façades, et, sur les toits écroulés, des étages. Il fut, sans doute, résulté, de ces initiatives diverses, quelque chose de varié, de curieux, d'original. On eût vu les entablements de faïence alterner avec les corniches ; les balcons italiens, les miradores espagnoles, les vérandas allemandes s'accrocher au flanc des murailles ; le jasmin, le volubilis se tordre en festons le long des gouttières, s'étendre en réseaux devant les fenêtres. Mais l'administration, ce Briarée, ce polype, comme on l'a tant de fois et si justement appelée, veillait rébarbative dans l'ombre, et, dès le mois de mai 1832, déployant l'appareil constricteur de ses innombrables lacets, elle préludait, par un arrêté concernant les nouvelles constructions, à l'œuvre d'empêtrement, d'empoissement, d'englutinement qui, vraisemblablement, a fait de l'Algérie le pays le plus réglementé du monde. L'alignement des rues donné, défense expresse était faite de projeter en dehors ni balcons, ni auvents, ni stores, ni plantes, ni saillies quelconques. On prétextait la sûreté, les besoins de la défense.

Or, nous avons aujourd'hui sous les yeux le résultat de ces prescriptions militaires. Excepté huit ou dix balcons ajoutés après coup, Bab-Azoun et Bab-el-Oued n'offrent, dans toute leur longueur, qu'une double rangée de façades aussi plates, aussi mornes que des murs de caserne. Et lorsque revenant, soit de Mustapha, soit de Saint-Eugène, on parcourt, en voiture, ces rues aux habitants confinés dans leur intérieur, aux passants enfouis dans l'ombre des arcades, il semble qu'on aborde une ville déserte. C'est d'un laid, d'un triste !

Quelques mots d'éloge pourtant aux farouches fondateurs de l'édilité algérienne. Nous leur devons les arcades auxquelles j'ai toujours attribué les trois quarts des charmes qu'Alger exerce sur tous ceux qui, touristes, colons ou malades, s'y sont une fois arrêtés. Au jugement dernier, quand il s'agira d'apprécier la conduite de nos modernes Vandales, les arcades pèseront d'un grand poids en leur faveur.

Pendant que les travaux de démolition et de reconstruction, ou plus exactement, de replâtrage, se poursuivaient dans la rue Bab-Azoun, on créait au dehors, à gauche, entre les vieux fossés et le faubourg, cette petite place Bresson dont les mûriers, l'année dernière encore, abritaient la station supplémentaire des calèches, et protégeaient d'une ombre épaisse les vanniers qui maintenant repoussés le long des murs du vieux lycée, ne sauront bientôt plus où porter leurs roseaux et leur industrie. Le précieux filet d'eau, qui se contente aujourd'hui d'alimenter un auge provisoire, se jouait d'abord pittoresquement dans la vasque d'une fontaine et s'épanchait ensuite dans un lavoir profond, d'où montaient en retour le bruit sec des battoirs et le rire des blanchisseuses. *Utile dulci.*

Dix ans après la conquête, alors que la conservation de l'Algérie ne faisait plus aucun doute, on trouva trop étroites, trop basses pour le mouvement chaque jour augmenté de la nouvelle colonie, les anciennes portes arabes. Mais au lieu de les supprimer purement et simplement, comme le conseillait la logique, on eut l'extravagante idée de construire à leur place, tant à Bab-Azoun qu'à Bab-el-Oued, d'autres portes comprenant deux passages jumeaux, l'un pour entrer et l'autre pour sortir. Rien de plus lourd ni de plus disgracieux. On les fermait la nuit. Rien de plus superflu. Aussi, moins d'un lustre après leur apparition, les faisait-on rentrer dans le néant. Que d'absurdes tâtonnements et que d'inutiles dépenses !

Les artistes, les gens de goût, la population tout entière eût applaudi sans réserve à cet acte de justice s'il n'eût eu pour pendant, quelques années après, le 11 octobre 1855, la destruction du beau platane de Sidi-Mansour. Vainement M. Berbrugger, l'éloquent et infatigable champion de nos vieux souvenirs africains, plaida-t-il pour le condamné. L'édilité fut inflexible. Il gênait la circulation. Et celui que la légende avait consacré, celui que les croyants vénéraient comme un symbole, celui que M. Liogier, la veille encore, dessinait comme un type achevé de splendeur végétale, était brutalement adjugé à un ouvrier ébéniste pour la somme de cent vingt francs. Il fournit cent cinq quintaux métriques de bois. Bois à brûler alors, bois brûlé maintenant, sans doute. Il ne reste donc plus aujourd'hui du platane de Sidi-Mansour que la monographie de M. Toulouze, dans la collection de l'*Echo d'Oran*, et le dessin de M. Liogier, dans celle de l'*Illustration*. Quant aux manes du marabout, ils furent transportés, dans leur *taboût*, ou châsse, à la mosquée de Sidi Abd-er-Rhaman-el-Taalebi, derrière le jardin Marengo, où devaient les suivre bientôt ceux de sidi Abd-el-Kader, le marabout fécondateur.

Les besoins de la circulation ne furent pas, après

tout, seuls en cause dans l'extermination du platane. Un tronc d'arbre gêne si peu ! Il s'agissait surtout de dégager la façade du théâtre qui, récemment achevé, déployait à vingt pas delà ses chapiteaux et ses cariatides. Dégager ! quel contre-sens ! Est-ce que la verdure et les ombrages, loin de nuire à l'effet d'une œuvre d'architecture, n'en eût pas toujours été considérée comme le plus précieux ornement ? Voyez, à cet égard, les paysages de Salvatore Rosa, de Claude Gellée, de Nicolas Poussin, peintres, non de fantaisie, mais de méthode et de style ; est-ce que partout, autour de leurs temples, le long de leurs balustres, au travers de leurs colonnades, les arbres ne foisonnent pas ? Voyez Paris, la ville par excellence du cordeau, du compas et de l'équerre ; est-ce que le square n'y forme pas l'accompagnement obligé, le cadre indispensable de tout palais, de toute église, de toute caserne même ? Aussi, lorsqu'en 1853, je vins pour la première fois visiter la place Bresson, étais-je loin de me douter que, non-seulement le seul arbre qui l'ombrageât, allait bientôt périr, mais qu'au lieu de profiter de la vacuité et de la déclivité des terrains environnants pour en faire un pendant au jardin Marengo, on s'évertuerait à y entasser moellons sur moellons, escaliers sur escaliers, étages sur étages. L'endroit se prêtait à merveille au zigzag des allées, au vallonnement des pelouses, à l'aménagement des cascades. La nature avait tout préparé ; il ne restait plus qu'à planter, qu'à laisser pousser. Hélas ! quels intérêts si puissants ont donc prévalu, quelles volontés bizarres se sont donc interposées pour qu'aujourd'hui nous ayons là cette Babel pétrée dont pas un brin d'herbe n'égaie les insipides façades ?

Combien de fois n'a-t-on pas critiqué cet escalier monumental construit pour dix mille passants à l'heure et presque toujours solitaire ; cet hémicycle central ménagé sans doute pour une fontaine et provisoirement converti en réceptacle d'immondices ; ces longs bancs alignés dans un recoin où personne ne passe, tandis que sur les boulevards, des centaines de promeneurs cherchent vainement à s'asseoir ! Inutile d'y revenir. Ce qui est fait est bien fait, le proverbe du moins l'affirme. Mais pourquoi ne planterait-on pas, entre la porte aux décors et l'escalier hyperbolique, une douzaine de platanes, d'orangers ou d'eucalyptus ? Quelle gaieté n'apporterait pas l'étalage de leurs rameaux à ce réduit si nu, si triste, si deshérité ! Quel utile assainissement, quel fraîcheur balsamique à ce foyer de pestilence !

Avec ses bas-fonds d'un côté, son lycée chancelant de l'autre, la ci-devant place Massinissa, plus tard place des Garamantes, actuellement place Bresson, bientôt place Napoléon, est aujourd'hui dans un état de provisoire et d'expectative qui laisse le champ libre à toutes les espérances, à toutes les craintes aussi. La version la plus accréditée nous la représente limitée à l'ouest par le théâtre actuellement existant, au nord par le palais de justice, au midi par un palais impérial. Elle serait ornée de boulingrins et décorée du monument dont M. Viollet-Leduc exposa naguère à nos yeux médiocrement ravis la réduction enluminée. Vous vous rappelez bien cette cheminée d'usine flanquée d'un cheval, d'un chameau, d'un bœuf et de quatre tuyaux de poêle avec des lionceaux au pied.

Ai-je donc l'humeur tracassière, ou bien est-ce le sujet qui vraiment prête à la critique ? Toujours est-il que je trouve dans chacun de ces détails matière à protestation. Le théâtre, d'abord, ne sera-t-il pas un peu petit, un peu bas, pour trôner au milieu de tant de grandes constructions ? Il me semble écrasé déjà par la maison Limozin, très ordinaire pourtant ; que sera-ce lorsqu'une colonne de quarante mètres et deux palais non moins superbes l'avoisineront ? N'y aurait-t-il pas lieu, en ce cas, d'établir, au-dessus du second foyer, un fronton d'architecture assortie qui, s'adossant au pignon cintré de la voûte, aurait pour double résultat de cacher les affreuses marches des combles et d'exhausser le monument ?

Ensuite, à propos des palais, n'est-ce pas chose vraiment déplorable que cette manie d'accaparer, pour les services publics, les meilleures expositions ? Jadis, les administrations siégeaient modestement dans les cours, au fond des impasses, laissant aux habitants la jouissance des places, des quais, des avenues, des boulevards. Est-ce que l'expéditionnaire, par exemple, a besoin, pour gratter son papier timbré, d'une rue passante sous ses fenêtres ? Le studieux surnuméraire ne peut-il convenablement travailler sans avoir constamment devant lui les lignes pittoresques d'un vaste horizon ? N'importe, il faut maintenant aux ministères, aux tribunaux, aux théâtres, aux bibliothèques, aux écoles, aux casernes, aux prisons mêmes, la jouissance des meilleurs sites. Et pour peu qu'augmente la tourbe déjà surabondante des employés, des soldats et des fonctionnaires, nous verrons bientôt MM. les administrés, ces maîtres après tout, contraints de se loger sous les toits ou dans les caves des maisons occupées par leurs serviteurs très humbles, MM. les administrateurs.

Les monuments publics, dit-on pour justifier cet envahissement illogique, sont la décoration des cités.

A supposer que toutes les Bourses, tous les hôpitaux du monde soient des modèles d'architecture, ne voit-on pas souvent des hôtels privés, des maisons bourgeoises les égaler en style, les surpasser en élégance ? Notre maison Lesca, par exemple, notre hôtel d'Orient, notre Banque, ne valent-ils pas, pour l'effet, la Mairie et la Poste aux lettres ? Et puis, quand même on aurait dans la perspective quelques statues, quelques colonnes, quelques chapiteaux de plus, ces étalages, dont le goût de chacun, après tout, seul est juge, compensent-ils l'obscurité, la solitude, la tristesse que la plupart des monuments entretiennent autour d'eux ? Voyez, par exemple, à Paris, les abords du Louvre, de l'Institut, du Sénat, des Ministères et tant d'autres bâtiments publics, quel abandon ! Là, pas de boutiques, d'enseignes, pas d'habitants aux fenêtres ; longues murailles nues, façades désertes. Et le soir, pour toute clarté, l'éclairage municipal.

Tel est pourtant le sort que réserve à notre place Napoléon la double installation du palais impérial et du palais de justice. Ses trois côtés, accaparés par les façades d'usage, n'auront pas un mètre à donner à ces cafés, à ces restaurants, à ces magasins qui sont, en définitive, la meilleure vie d'un quartier. A part les heures de spectacle et d'audience, on n'y verra que de rares passants. Adieu le promeneur, le curieux, le flâneur, cette animation réelle des rues. Chère place du Gouvernement, on proclamait déjà ta déchéance. Ce n'est certes pas la place Napoléon qui, comprise de la sorte et privée, ce dit-on, d'arcades, pourra jamais te détrôner.

Alger, dont l'orientation est si bonne, si salubre pour ceux qui l'habitent en tout temps, manque néanmoins d'exposition favorable au séjour des hiverneurs. A part l'hôtel de la Régence, la maison d'Apollon et quelques appartements meublés disséminés par-ci par-là, je ne vois guère, à l'usage de nos valétudinaires que des fenêtres au levant. Le matin, dès onze heures, le soleil cesse d'y donner. La brise de mer y souffle, par contre, avec une âpre persistance. Pourquoi donc alors ne pas laisser à l'établissement d'un hôtel, d'une maison meublée, d'un casino, cet angle de la place où l'on songe à bâtir le palais de justice ? Il est en plein midi. Du soleil toute la journée. Pas un souffle du nord. Nos gens de robe y rôtiront ; nos visiteurs le béniraient.

Et pour le palais impérial, je n'en comprends vraiment l'utilité que si, sous ce titre, il cache le palais du Gouvernement. Quoi faire, en effet, ici d'une demeure que le souverain n'habitera jamais peut-être ? Si grand que soit l'amour de l'Empereur pour son royaume africain, je ne crois pas qu'il se hasarde bien souvent désormais à venir au prix d'un long et périlleux voyage redemander les fantasias qui par deux fois ont signalé sa présence au milieu de nous. Dans tous les cas, ne pourrait-on, comme font, à Paris, le Palais Royal, le le Grand-Hôtel et l'hôtel du Louvre, abandonner aux boutiquiers, cafetiers et autres industriels à parade, le rez-de-chaussée et l'entre sol des deux grands palais en question ?

Enfin, à l'égard du monument commémoratif, ce n'est point par boutade, par malice que j'en ai rappelé le projet. Garde à nous ! malgré nos critiques et nos protestations authentiquement consignées et paraphées sur un registre *ad hoc*, il vit encore, il intrigue. Et tandis que nous dormons tranquilles, sans défiance, il se fait décrire et graver dans les principaux journaux de la métropole, dans l'*Illustration* notamment, comme officiellement et définitivement adopté. Ah ! plutôt que de voir s'étaler effrontément au nouveau centre d'Alger ce ridicule morceau, mille fois préférerais-je un kiosque, une borne-fontaine, une simple statue, si banal qu'en soit le héros. M. Berbrugger proposait, voilà déjà trente ans passés, d'élever, en cet endroit, l'effigie du templier légendaire. Pourquoi pas ? Quel souvenir plus local et plus noble ! On le représenterait tenant d'une main l'étendard sacré, et de l'autre plantant son poignard dans la porte Bab-Azoun, tel enfin que nous le montre le beau dessin de Raffet. Point de contemporains pour jalouser sa gloire ; point de révolutions à craindre. Il échappe à l'envie comme à la politique. On l'entourerait d'ombrages pour, les siècles aidant, rappeller le beau platane de Sidi-Mansour.

Donc, très chers concitoyens de la partie algérienne, lorsque (ce n'est pas demain) nous en aurons fini avec les souscriptions relatives aux sauterelles, aux tremblements de terre, aux inondations, à la sécheresse, au choléra-morbus, à la disette, à la famine, aux naufrages, à la misère, aux hôpitaux, aux orphelinats, aux dépôts de mendicité, aux églises, etc., etc., nous nous cotiserons, s'il vous plaît, pour élever, sur la place Napoléon, une statue de bronze à Ponce de Balagner. Pourrions-nous consacrer plus dignement, plus pittoresquement, plus archéologiquement surtout le souvenir de l'ancienne porte Bab-Azoun ?

XV

BAB-EL-OUED

Les environs de Bab-el-Oued, aux premiers temps de la conquête, offraient, paraît-il, un spectacle aussi nouveau qu'original. De toutes parts, à droite, à gauche, devant soi, sur la crête des monticules comme au versant des ravines, au bord des chemins et sur le rivage, on ne voyait que tombeaux musulmans. Ici le sépulcre du pauvre avec son lit d'argile et son chevet d'ardoise aux trois quarts enfouis sous l'herbe, là le mausolé du saint, du puissant, avec ses colonnes de marbre et ses coupoles octogones se profilant en silhouette éclatante sur l'azur intense du ciel. Entre ces derniers brillaient, par leur dimension et leur élégance, les marabous de Sitti Takelitz, Sidi Kettani,

Sidi Djamyâh, Sidi Sâdi, que surpassaient encore les tombeaux des deys Mustapha, Mouça et Ali, tous trois, raconte l'histoire, élus, déposés et massacrés le même jour. Enfin, les dominant tous de leur grandeur monumentale, s'élevaient, à droite, le fort Neuf et le fort des Vingt-quatre-heures, à gauche les mosquées d'El-Meçola et de Sidi Salem, et, sur la cime du mamelon, le fameux minaret de Sidi Abd-er-Rhaman el Tsaâlebi, avec son caroubier sacré. Des touffes d'aloès, des massifs de cactus, des buissons, des arbres même, paraient de leur verdure, couvraient de leur ombrage cette immense nécropole.

Nos vainqueurs de Sidi-Ferruch n'eurent rien de plus pressé que de tracer en pleines tombes les routes voulues par la stratégie. Nombre de monuments avaient ainsi déjà disparu lorsque, peu de mois après la capitulation d'Alger, la création d'une esplanade au moyen de remblais, de détritus et de décombres vint engloutir une nouvelle et plus notable quantité de sépultures. Celles des trois deys y périrent, et bientôt l'établissement de l'enceinte fortifiée, portant le dernier coup aux édicules mortuaires des indigènes, ne laissa subsister, de toute cette Josaphat, que de rares échantillons.

On avait l'esplanade, il fallait maintenant l'orner,

et de magnifiques projets surgirent à ce propos. On y mettrait des platanes, ce serait un jardin public où les colons viendraient se reposer des fatigues du jour, se rencontrer, se distraire au souffle fortifiant de la brise marine, à la fraîcheur hygiénique des bosquets. On essaya même, je crois, plusieurs essences ; mais nul arbre ne put vivre sur cette plate-forme incessamment battue par des vents effrénés.

Cependant, le commandant Marengo, sans autres ingénieurs que lui-même, sans autres horticulteurs que ses pénitenciers, créait vis-à-vis, au flanc le plus abrupt de la colline, entre mille broussailles et mille fondrières, un jardin qui, sous les dénominations successives de jardin des Condamnés, promenade d'Orléans, jardin Communal, jardin Marengo (gardons-lui celle-ci toujours) a, tant qu'on l'a bien voulu laisser vivre, fait le charme des Algériens et causé l'admiration des touristes.

Contrairement au faubourg Bab-Azoun, dont la transformation s'opéra graduellement, jour à jour, le quartier Bab-el-Oued, après les grands bouleversements du premier lustre, conserva très longtemps (de 1835 à 1863) son caractère arabe. Rappelons en quelques traits ; ce qu'on ne voit plus, si vite s'oublie !

La rue, comme aujourd'hui, laissait au piéton le

choix entre sa chaussée bordée de façades bourgeoises et ses galeries étranglées ici, près du tournant Charles-Quint, interrompues là, devant la vieille mosquée, basses partout, massives, ténébreuses. Mais au sortir des arcades, on se trouvait amplement dédommagé de sa course, et j'ai vu bien souvent des peintres, boîte sur les genoux et palette à la main, retracer un paysage qui maintenant, hélas ! n'existe plus que sur quelques tableaux disséminés Dieu sait où.

Si le côté droit n'offrait qu'un groupe peu remarquable de constructions indigènes, l'intérêt, du côté gauche, commençait immédiatement par un petit parapet sur lequel s'appuyaient, s'accoudaient, s'asseyaient au besoin les flâneurs, et qui, construit à pic en travers du fossé, formait comme un balcon ouvert sur le riant amphithéâtre du massif. C'étaient d'abord les fortifications mauresques, parfaitement intactes, avec leurs créneaux prismatiques et leurs parois jaunes de vétusté. Venaient ensuite, au delà du ravin tout tapissé de fleurs sauvages et de ricins arborescents, les coupoles, le minaret et le palmier séculaire de la mosquée Sidi-Abd-er-Rhaman, non pas cachés comme aujourd'hui par d'incommensurables bâtisses, mais libres, épanouis, dominant le paysage, et semblant dire avec ce noble orgueil que toute beauté légitime : Contemplez, admirez-moi !

Le sentier, tortueux et rapide, conduisant à ce magique décor, s'ouvrait, sur la route, entre le marabout de sidi Salem et la mosquée d'El-Meçolla, au milieu d'un bouquet de palmiers, de lauriers et de bellombras. Impossible d'imaginer à des fonds plus harmonieux des premiers plans mieux assortis. Les coupoles surbaissées, côtelées, blanches comme la neige, avec leurs lucarnes cintrées et leurs croissants de métal où les rameaux des dattiers, les branches du phytolaque projetaient une ombre bleuâtre, s'arrondissaient dans l'azur, au-dessus de murs bas, flanqués ici d'un café maure et là d'une fontaine arabe.

Le café, saillant, carré, vrai cube de maçonnerie, où pendaient accrochés, autour de l'étroite fenêtre, des outres d'huile, des chapelets d'oignons et des colliers de piment rouge, était du matin au soir entouré de graves Mograbins qui, drapés dans leur burnous, se livraient, la cigarette entre leurs doigts, la tasse fumante à leurs pieds, aux douceurs de la vie horizontale et songeuse.

La fontaine, pleine de style avec son arcade ogivale et sa corniche dentelée que mouchetaient de leurs étoiles purpurines des touffes de géranium, surmontait un vaste bassin où venaient confusément s'abreuver les chevaux des soldats, les mulets des Arabes et les bourricauts des Biskris. Autant de scènes curieuses, ces képis penchés en avant, ces chachias rejetées en arrière, ces capuchons boursouflés, ces têtes d'animaux avec leurs longues oreilles se profilant en vigueur sur les fonds vaporeux du Boudzaréah. Des Maures, des Espagnols, débitants de pastèques et de figues de Barbarie, des négresses accroupies sur le tabouret de roseau devant l'étalage sommaire de leurs galettes anisées, complétaient le caractère de ce site oriental.

Lorsque, l'hiver dernier, le riflard à la main, le cache-nez autour du cou, je promenais ma nostalgérie par les quais sombres, mornes, ennuyeux du Louvre et du Pont-Neuf, une clarté frappa soudain mes yeux, une joie dilata mon cœur. Etait-ce un rayon perçant les nuages, ou la rencontre d'un ami? Point. Je venais d'apercevoir, derrière le vitrage du *Spectre solaire*, un tableau signé Paul Delamain, et représentant, entourés de leur végétation africaine, de leurs personnages bédouins, le tout fort bien réussi, mes chers marabouts de Bab-el-Oued. Combien, pour nos souvenirs, cette petite toile d'amateur remplacerait avec avantage, sur nos murailles communales, certains dons impériaux aussi médiocres qu'embarrassants!

A quelques pas des marabouts montait, en pente douce et bordant la rampe Vallée, une avenue de mûriers luxuriants. Des touffes d'aloès en protégeaient les pieds, et, du mur ombragé par leur épais feuillage, retombaient des pans de viorne et des grappes de daturas. Sous ce vestibule embaumé s'ouvrait une grille modeste à travers les barreaux de laquelle on apercevait, de plain pied, les bosquets préliminaires et les plates-bandes inférieures du jardin Marengo.

Quelle impression, lorsque j'y vins pour la première fois ! C'était au mois de mai. J'entre, un jour de musique, au bras du préfet agronome qui dirigeait alors les affaires civiles de la colonie. Un monde choisi nous suivait, la consigne affichée ostensiblement sur les piliers de la grille interdisant aux compagnies suspectes l'accès du jardin favori. Comme on le respectait, comme on le choyait alors ! Une tonnelle de vigne formait un passage couvert depuis le seuil jusqu'aux pentes, ombrageant un bassin de son feuillage printanier.

— Quel âge, me demanda tout à coup le préfet d'un ton brusque mais avec ce regard bénévole qui caractérisait sa physionomie, quel âge donnez-vous à ces pampres ?

— Vingt ans ?...

— Trois !

Et là-dessus, l'éloge du climat, le panégyrique

obligé de la végétation africaine, tandis que, d'un pas lent, mais trop rapide encore au gré de ma curiosité, nous traversions une merveilleuse oasis. C'étaient des cactus enroulés comme des serpents boas, des pandanus en fleur, des palmiers nains à haute tige, et, dans les massifs d'orangers, d'hibiscus et de pamplemousses, une petite couba de faïence autour de laquelle erraient, broutaient et bondissaient des amours de gazelles.

Cette partie du jardin était surtout fréquentée par les enfants, les vieillards et les valétudinaires que rebute l'ascension des allées montantes. On les voyait ceux-ci lisant, discourant à l'ombre des lauriers roses, ceux-là jouant avec le sable, s'essayant à marcher autour des plates-bandes, tandis que leurs bonnes, leurs mères, assises sur des bancs et pour la forme occupées de quelque travail à l'aiguille, les suivaient d'un regard plein de sollicitude. Le *Rêve de bonheur* de Papety. Comme tout cela devait changer !

Alger tendant à s'agrandir plutôt vers Mustapha que vers Cité-Bugeaud, le quartier Bab-el-Oued pouvait garder longtemps encore sa grâce pittoresque et sa beauté champêtre, lorsqu'une idée rare, énorme, phénoménale, jaillit du cerveau collectif de nos administrateurs. Vieille caserne des Janissaires, le lycée menaçait ruine ; ses bâtiments, d'ailleurs, débordaient en grande partie sur la future place Napoléon. Il lui fallait un autre local. Où le trouver, où le construire ? Dans le même quartier, indubitablement. Tout le conseillait : le bon sens, l'expérience, les commodités de famille. Vingt terrains à l'entour s'y fussent prêtés volontiers, surtout au haut du grand escalier, bordant la place de la Lyre, ce ravin du Centaure où l'on pouvait, à vil prix et sans rien détruire, fonder et s'étendre à souhait. Que d'emplacements encore jusqu'à la place Bugeaud, sans beaucoup s'écarter du centre ! Nos petits-neveux n'y voudront pas croire, ils aimeront mieux supposer quelque contrainte, quelque guet-apens, eh bien ! de propos délibéré, ostensiblement, librement, on choisit, tout à l'opposé, bien loin, bien loin, au delà même du quartier qui fournit le moins d'écoliers, quoi ? le fossé Bab-el-Oued et le jardin Marengo !

Vainement l'opinion s'éleva-t-elle contre une décision qui ne tendait rien moins qu'à priver la moitié des enfants algériens des bienfaits de l'enseignement universitaire ; vainement les journaux protestèrent-ils, en maintes homélies, contre un vote malencontreux dont le premier résultat sera infailliblement de livrer l'éducation publique à des influences rivales, aux jésuites notamment, et d'abaisser, de ruiner peut-être notre académie d'Alger, si pleine aujourd'hui d'espérance ; vainement enfin les promeneurs, les artistes, les philanthropes déplorèrent-ils la condamnation du seul endroit pittoresque, verdoyant et frais qui restât près de la ville, la pioche se mit à l'œuvre. Je l'entends encore, hélas ! je vois crouler sous ses coups la fontaine, les coubas, les terrasses ; je vois tomber le dattier.... Mais plaignons moins celui-ci qui, transporté à grands frais sur la place du Gouvernement, domine aujourd'hui de sa haute aigrette les orangers, les palmiers et les bambous du square de la Tour du Pin. Les parties basses du jardin, même celles qui devaient rester à la disposition du public, furent impitoyablement saccagées. Il y avait là des berceaux touffus, des pavillons mauresques, des arbres vieux de vingt ans que le plus simple bon sens commandait de respecter. A bas ! à bas ! Et pourquoi ? Pour on ne sait quels remaniements dont j'ai fait, à l'occasion, si vertement la critique, et contre lesquels tant de clameurs se sont d'ailleurs élevées, qu'il a bien fallu tout détruire et refaire de fond en comble.

Cependant le nouveau lycée sortait peu à peu de terre. Il est presque achevé maintenant. On aura mis sept ans à le construire. Sa façade, sur la rue, ne manque pas d'élégance. Les galeries surtout, derrière lesquelles se profile le paysage oriental de la mosquée Sidi-Abd-er-Rhaman, produit un charmant coup d'œil. Mais ne peut-on regretter que l'architecte ait adopté, surtout en cet endroit si plein de souvenirs arabes, le style lourd, commun et ressassé de la mère-patrie ? Ces arcades, ces fenêtres, ces corniches, ces moulures, si peu de chose eût suffi pour leur donner la légèreté, la grâce et le piquant de l'architecture mauresque !

La masse des bâtiments, la hauteur des plafonds, les dimensions des pièces, le nombre des escaliers, des galeries, des corridors est vraiment exorbitant. Il y a là de quoi loger deux mille élèves avec accessoire voulu de maîtres et de domestiques. En pourra-t-on jamais réunir plus de quatre ou cinq cents ? Que la population de la colonie vienne à décupler tout à coup, on créera des lycées à Oran, à Constantine, à Tlemcen, à Bougie, voire à Laghouat. Celui d'Alger n'y gagnera que d'insignifiantes recrues.

Les trois principales cours sont fort grandes et fort belles. Des portiques les entourent comme à la caserne des janissaires. Mais quelle cour, si monumentale qu'elle soit, valut jamais la campagne et la liberté ! Quel abri de moellons sculptés valut jamais l'ombre des arbres ! Aussi ne douté-je pas que des plantations judicieuses de bellombras ou de platanes ne doivent bientôt égayer l'austère enfilade des classes et les fenêtres grillées des études. Bientôt ! pourquoi pas tout de suite ? Ce serait un an de gagné. Dans un mois, on ne pourra plus ; il faudra remettre à l'autre printemps, alors que déjà les escaliers seront finis, les vestibules peints, les portes agencées et les écoliers au travail.

La seule raison qui, dans mon idée, rendait excusable le choix fait par nos édiles de l'emplacement sur lequel s'élève le nouveau lycée, c'est le bon air qui l'environne et qu'il doit à sa situation immédiate en face de la mer et d'un vaste horizon. Eh bien, cet horizon, cette mer, il n'en jouira même pas ! Avez-vous remarqué les travaux qui se perpètrent, depuis quelque temps, de l'autre côté de la rue, sur les terrains du Fort-Neuf ? On cogne, on sape, on démolit, on creuse. Un jour de beau soleil, j'ai flâné là quelques minutes, et dans la naïveté de mon cœur encore tout imbu de civilisation, d'atticisme, je me suis fait à part moi les suppositions suivantes : On va construire une fontaine avec portique à l'entour ; architecture byzantine ; quelque chose d'analogue au péristyle de la Grande Mosquée ; la galerie, curviligne au lieu d'être droite, s'arrondira en hémicycle devant le perron du lycée. Des arbres ombrageront cet édicule qui, continuation des arcades Bab el-Oued, servira de refuge, de rendez-vous, de promenoir aux collégiens externes en attendant l'ouverture des classes.

O candeur ! A Alger, ce qu'il faut toujours supposer d'abord, c'est le pis. Une fontaine, des ombrages ! Me voilà bien désabusé. Ce qui va faire vis-à-vis à la façade si laborieusement étudiée de M. Guiauchain, c'est... mais vous n'y croirez pas si je n'atteste auparavant le caractère sérieux, authentique, officiel de la communication, c'est UNE CASERNE. Une caserne ! quoi de plus ? qu'est-il besoin d'autre définition ? Le mot seul nous dit : quelque chose de plus haut, de plus lourd, de plus uniforme, de plus fastidieux encore qu'un lycée. Vue du golfe, air pur de la mer, adieu ! Nos pauvres collégiens, claquemurés entre les miasmes des chambrées et l'humidité du massif ! Soignez l'infirmerie, monsieur Gentilhomme ! qu'elle soit grande surtout. Mais notre académie n'aurait-elle pas le droit de se plaindre, recteur, proviseur et maîtres en tête ? Tous ceux qui, parmi nous, s'intéressent à la jeunesse, ne devraient-ils pas protester ? Il en est temps encore, peut-être ; et si le besoin se fait absolument sentir, à Alger, d'une cinquième ou sixième caserne (on ne les comptera bientôt plus), pourquoi ne pas consacrer à cet usage le nouveau lycée ? Ce serait tout profit pour tous : bonne caserne toute prête et lycée bientôt reconstruit en meilleures conditions d'emplacement et d'étendue. Il suffirait de s'entendre au sujet des compensations pécuniaires. L'administration civile, objecterez-vous, ne fraternise pas toujours avec le génie militaire. Mais n'est-il pas, au-dessus d'eux, un pouvoir supérieur, impartial, et jaloux de tout concilier ? C'est à lui que je fais appel. La question est digne, je crois, de toute attention et de toute sollicitude.

Lors de son dernier voyage en Algérie, l'Empereur formula des masses de critiques, ordonna nombre de réformes ; mais, chose singulière et surtout regrettable, celles qui semblaient oiseuses, inopportunes, mauvaises, et répugnaient le plus aux colons, ont été, pour la plupart, impitoyablement exécutées, tandis que les autres, les bonnes, celles dont chacun souhaitait ardemment la réalisation, sont toutes tombées dans l'oubli. « L'Empereur a condamné les sarcophages des quais, s'écriait-on joyeux ; ils seront démolis, et les Messageries et la Douane établiront, bon gré, malgré, leur siége sous les voûtes ! L'Empereur a blâmé la situation et les proportions du nouveau lycée ; on le convertira en caserne ! L'Empereur a donné congé aux bâtiments du parc d'artillerie ; ils seront supprimés, et l'on transformera l'esplanade Bab-el-Oued en promenade publique ! » Autant en emporte le vent. Sarcophages, lycée, parc d'artillerie n'ont fait depuis que se cramponner davantage aux emplacements qu'ils occupent.

Mais pourquoi, si l'esplanade est absolument nécessaire aux évolutions du canon rayé et à la manœuvre du fusil Chassepot, laisser inculte, aride, abominable le trottoir qui la borde à l'ouest et la sépare du chemin ? On y plante bien, chaque printemps, quelques arbres, mais ces arbres, chétifs et d'espèce incompatible avec les vents du nord-est qui soufflent si fréquemment en ces parages, ne manquent jamais de mourir avant la fin de la saison. Voilà plus de huit ans que l'on s'obstine à ce manége, comme si l'on n'avait pas, pour l'exemple, sous les yeux, cette rangée de bellombras qui, plantés dans des cailloux, à l'angle extrême du talus, leurs racines pour la plupart déchaussées et mutilées, et leurs branches incessamment fouettées par des brises furieuses, n'en parviennent pas moins à vivre et même à prospérer. Si, au lieu d'acacias, de mimosas, que sais-je ! on mettait derrière eux d'autres bellombras, n'aurait-on pas bientôt là un promenoir ombragé, frais et commode auquel une demi-douzaine de bancs et quelques arbrisseaux donneraient, sans grande dépense, l'aspect et les agréments d'un square ? Ce square formerait en outre au jardin Marengo comme un propylée de verdure.

Infortuné jardin ! Combien d'années ne lui faudra-t-il pas maintenant pour retrouver son charme évanoui ? On s'occupe, il est vrai, de réparer les fautes commises en sa partie inférieure. Déjà la porte refaite et le terrain déblayé permettent d'aborder de plain pied les premières pentes ; déjà des balustres légers festonnent le bord des terrasses ; bientôt, sans doute, nous verrons des bancs de pierre ou de maçonnerie compléter ces travaux de l'équerre et de la truelle ; mais ce qui demandera plus de peine à réaliser, ce sont les ombrages. Il ne suffit pas, en effet, de planter un manche à balai pour avoir un arbre. Il faut, de plus, que le tronc grossisse, il faut que les branches poussent, et c'est là l'œuvre exclusive du temps. Pourquoi donc alors ne pas se hâter de planter ? Nous avons encore un mois pour le faire à propos. Profitons-en. Tôt des trous, vite des arbres, à tors et à travers, à la diable, qu'importe ! Rien ensuite de plus aisé que d'ôter ceux qui gêneront. D'ailleurs, un beau désordre est un effet de l'art ; il convient surtout aux jardins.

J'ai déjà dit quelles essences me semblent devoir le mieux réussir en ce site exposé aux vents du nord et du nord-est. Je crois devoir insister. Il faudrait d'abord aligner, tout le long de la façade latérale du Lycée, une allée de bellombras, et laisser monter leurs têtes aussi haut que possible, afin de cacher aux yeux ces cent fenêtres uniformes dont l'aspect seul mériterait de figurer au nombre des tortures imaginées par Dante en son *Enfer*. Les mêmes arbres, massés par touffes drues, auprès des deux escaliers, en ombrageraient à propos les marches incessament brûlées par un ardent soleil. Le reste du terrain serait ensuite, à volonté, couvert d'espèces moins rustiques entre lesquelles je citerai, vu l'abondance de leurs feuilles ou la rapidité de leur croissance, le platane, le mûrier, le laurier, le caroubier, le poivrier, le bambou, l'eucalyptus.

La terrasse qui longe la route, entre la grille d'honneur et la maison du jardinier, a déjà servi d'école à plusieurs essais malheureux. Les platanes, les palmiers mêmes y sont morts en moins de six mois. N'y plus songer ; mais établir, en forme de tonnelle, un long treillage de roseaux, de lattes ou de fil de fer, au pied duquel on planterait des senneçons grimpants, des jasmins, des volubilis, des budlées, des lantanas, des ceps de vigne. Les branches, les lianes, les lacets de ces plantes robustes auraient bien vite couvert, non seulement le berceau, mais aussi le mur nu, affreux, insupportable qui borde la rampe Vallée. S'il est permis de donner aux bâtiments d'une prison ou d'une forteresse un aspect dur et menaçant, les abords d'un jardin public ne doivent offrir à la vue que des masses de verdure et des profils gracieux.

Nul n'ignore que les feuilles des arbres sont, pour l'air vicié, le meilleur agent de désinfection. Elles en absorbent les miasmes. Si donc jamais plantations furent urgentes, c'est dans ce quartier Bab-el-Oued dont un lycée, une caserne et leur séquelle obligée de cabarets, librairies, papeteries et autres industries parasites vont, dans un prochain avenir, quadrupler la population. Des arbres, donc, des arbres ! Toutes les administrations, civiles et militaires, comprennent, dans leur personnel dirigeant, un ou plusieurs architectes Pourquoi n'auraient-elles pas aussi des jardiniers, des artistes, des médecins, les uns pour empêcher l'envahissement de la pierre de taille au détriment des plantations, ceux-ci pour assurer les conditions de l'hygiène, ceux-là pour surveiller les perspectives et s'opposer à ce qu'une ville pittoresque, originale, attrayante, douée de tous les charmes du climat, de la salubrité, du paysage, et dont l'accroissement est une question de premier ordre pour l'avenir de la colonie, ne devienne peu à peu une horreur, un épouvantail ?

XVI

LE JARDIN DU PRÉFET

La campagne d'Alger était, en juin 1830, beaucoup plus boisée qu'aujourd'hui. Les pentes de Mustapha, celles du Bouzaréah, la longue bande du Hamma, les gradins inférieurs du Sahel, couverts de bois, de vergers, de haies vives, ne formaient tous ensemble qu'un vaste jardin. On y comptait par centaines les habitations de plaisance. Richemont, Chiaja, Fiesole, Auteuil, s'y trouvaient, au dire des contemporains, égalés sinon surpassés. Comment, à si riches ombrages, tant d'espaces déserts, de terrains vagues et de champs stériles ont-ils tout à coup succédé ? Voici. Nos braves ne possédaient point encore, à cette époque, la fine éducation militaire qui les distingue maintenant. Nourris dans les traditions brutales de la République, façonnés aux manières pillardes du Consulat, aigris par le souvenir des sévices de l'invasion, beaucoup d'entre eux ne voyaient à toute guerre que deux buts : la gloire et la dévastation. Anvers, Ancône, Rome, Sébastopol, Solférino les ont bien policés depuis !

L'histoire impartiale ajoutera qu'en débarquant à Sidi-Ferruch ils avaient le sentiment de mille ans de piraterie et d'insolence à punir, et qu'en dressant leurs tentes aux environs d'Alger, ils se doutaient fort peu que la France, empêtrée dans les traités de 1815 et surveillée par la jalousie des puissances, eût la moindre velléité de fonder une colonie. On ne resterait vraisemblablement que huit jours, un mois, une année tout au plus. Un coup de baguette bientôt donnerait le signal du départ. Or, d'ici là, plus on brûlerait, dévasterait, pillerait, et mieux serait atteint le but de l'expédition.

Aussi quel vandalisme ! Fallait-il une poignée de charbon, vite la serpe, la coignée, et des oliviers centenaires tombaient coup sur coup par douzaines. Désirait-on quelques branches pour recouvrir un appentis, quelques rameaux pour ombrager le chevet d'un hamac, c'étaient des razias de figuiers, de citronniers, d'orangers. Le besoin d'une planche entraînait la destruction d'une maison tout entière, et les bassins, les marbres, les ornements de sculpture tombaient brisés au milieu des décombres. Bien pis, et lorsque déjà même, en ville, des travaux de défense et d'aménagement indiquaient l'intention d'un séjour plus durable, on abattait encore, incendiait, pour le seul plaisir de détruire.

Les aqueducs des Maures, si nombreux et si bien construits que la plupart de nos fontaines sont encore aujourd'hui alimentées par eux, coururent de tels dangers qu'il fallut, pour les sauver, l'appareil comminatoire de la prison et des amendes. Une preuve, en passant, de la durée vraiment incroyable de ces abus : le 23 mai 1835, après cinq ans de discipline et presque de colonisation, le *Moniteur algérien* publiait encore un ordre défendant aux militaires de couper les oliviers pour en faire des balais !

Que durent penser de nous, de notre civilisation, ces Mograbins, ces sauvages, aux yeux desquels la plus haute expression du comfort, de la poésie et de l'art consiste moins dans un bon repas, dans un beau tableau, dans une excellente musique que dans un verger bien ombreux, et dans ces fraîches cours mauresques où la vigne, l'églantier, les convolvulus, s'enroulant aux colonnes, s'épanouissant aux corniches, forment au-dessus de la fontaine jaillissante un plafond embaumé de feuillage et de fleurs ?

La dévastation clandestine arrêtée, ce fut le tour de la dévastation officielle. On traça la nouvelle enceinte et sa zone de servitudes, on creusa les fossés, on bâtit les remparts qui nous gênent tant aujourd'hui, et Dieu sait que de beaux arbres, que de jardins périrent en cette occasion.

Les rudes travaux, les anxiétés, les désastres qui marquèrent les premiers temps de la colonisation furent, on le comprend, très peu favorables à la réparation de ces ruines. L'utile d'abord, l'agréable ensuite. Cet abandon forcé de la culture s'érigea bientôt en coutume, et des années s'écoulèrent avant la renaissance du bananier, du mûrier, de l'oranger dont abondent aujourd'hui certains vergers du Sahel.

Un des hommes qui, sans contredit, ont aidé le plus au retour de ce goût pour les choses du jardinage, c'est M. Lautour-Mézeray. Nommé préfet d'Alger dans les derniers mois de 1849, il rappela sur nos rives arides le culte de l'arrosoir et du sécateur qui fut la passion de sa vie. La presse libre et sans frein de la seconde République a beaucoup critiqué M. Lautour-Mézeray et son administration ; elle en a fait un être ridicule, un préfet fantastique, le blâmant tour à tour d'agir et de ne rien faire, le taquinant pour les moindres réformes, pour les plus simples innovations. On est allé fouiller jusqu'en sa vie privée. Sa crainte du mal de mer, la coupe de son habit, les détails les plus domestiques, elle a tout dit, tout caricaturé. Ah ! que sous le régime actuel la tâche d'un fonctionnaire est plus facile et sa gloire plus sûre !

Ce qui surtout échauffait la bile de nos frondeurs, c'est précisément cet amour des plantes où je serais presque tenté, pour ma part, de voir son meilleur titre au souvenir des Algériens. On l'accusait de vouloir transformer en champs de camellias tous les pâturages de la colonie, de songer à convertir en jardins suspendus toutes les terrasses de la ville, enfin de ne tendre à rien moins que d'absorber la meilleure part du budget au profit de sa marotte !

Une des premières visites du nouveau fonctionnaire, au début de son administration, fut pour le jardin d'Essai. Cet établissement très prospère déjà, grâce à l'habile direction de M. Hardy, ne pouvait que gagner à la protection d'un amateur d'élite. Ce fut effectivement, pour ses semis, ses greffes, ses expériences, une époque de progrès marqué. Puis-je me citer ici comme témoin de l'ardeur qui présidait à cette espèce de collaboration, et des beaux résultats qui devaient forcément s'en suivre ? Lorsque, muni de la recommandation d'un ami commun, je me rendis pour la première fois à la préfecture, M. Lautour-Mézeray n'eut rien de plus pressé que de m'emmener au jardin d'Essai. Dire l'impression que me causa cette allée de platanes encore bien jeune pourtant, cette avenue de palmiers d'un aspect si oriental, vraiment ce serait impossible. Mon attention néanmoins fut bien vite détournée par un spectacle autrement curieux. Le préfet n'eut pas plutôt rejoint M. Hardy qu'il se fit, entre ces deux fonctionnaires, un échange pressé de demandes et de réponses aussi bizarres qu'inattendues. On ne s'interrogeait pas sur l'état de sa santé, sur les nouvelles du jour. Il ne s'agissait que de plantes. « — Comment vont les clivias ? — Eh ! eh ! — Le vanillier fleurit-il ? — Deux boutons commencent à poindre. — Tant mieux. Quel bonheur ! nous réussirons. — Et le théophrasta imperialis ? — Magnifique ! des feuilles de quarante centimètres ! — Allons voir, allons voir ! » Et de courir à travers les allées, au milieu des plates-bandes, se baissant avec des exclamations de joie ou des gestes de désespoir. Puis par instants quittant son guide, M. Lautour-Mézeray s'élançait vers un massif, disparaissait dans une serre. C'était pour voir un raphiolepis dont l'air souffrant l'avait frappé la semaine dernière. C'était pour constater la reprise d'un cocotier nouvellement arrivé d'Amérique. Il savait la place de chaque sujet, l'histoire de chaque carré. Nous ne devions rester qu'une heure, la journée passa tout entière à ces flâneries horticoles.

Les plantes d'agrément n'avaient pas seules le don d'intéresser « l'homme au camellia » (pourquoi lui ménager ce nom qu'il accepta lui-même si gaiement?) le coton, le sorgho, le tabac, la cochenille trouvaient dans sa sollicitude une part égale à leur importance, et plus d'un essai fructueux, touchant l'économie domestique ou le progrès industriel, est résulté de ses indications.

Sa foi dans une institution si riche d'avenir, et si pleine déjà d'excellents résultats, gagna de proche en proche le maréchal Randon, qui gouvernait alors l'Algérie, et le ministre de la guerre, suprême dispensateur des libéralités de l'Etat en faveur de la colonie. Cet accord valut au jardin une augmentation de subsides et lui fit vite atteindre, par des bonds rapides, son plus haut degré de prospérité.

Arrivons maintenant, ou plutôt revenons au jardin Marengo, déjà cité précédemment à propos de ses allées inférieures. Lors de l'entrée en fonctions de M. Lautour-Mézeray, cette mignonne création des pénitenciers du Fort-Neuf venait de passer des mains du pouvoir militaire en celles de l'administration civile. Hélas! si partisan qu'on soit de la suprématie municipale, il faut bien le reconnaître, ce fut pour notre jardinet le point de départ d'une décadence dont, vu son nouvel entourage, il ne pourra jamais bien, quoi qu'on fasse, se relever.

L'argent manquait (il a toujours manqué) ; mais si peu qu'on en eût, fallait-il l'appliquer d'abord à l'arrosage des plantes, à l'entretien des allées, plutôt que de le gaspiller en des innovations dont le besoin ne se faisait aucunement sentir. Le jardinier suffisait, on lui substitua l'architecte, et le coûteux Mansart détrôna l'économique Jacques. Aux talus gazonnés succédèrent des murs avec leur appareil rebutant de moellons et de contreforts ; aux bordures de fleurs, des parapets massifs ; aux pentes douces et faciles, des escaliers monumentaux. Ce mépris du bosquet et de la plate-bande fut poussé à tel point que si, l'année d'après, l'indignation publique n'eût bruyamment protesté, le jardin Marengo devenait, avec la permission de M. le maire, et pour la grande joie des spéculateurs, un Mabile, un Château-Rouge, le rendez-vous payant des chicards et des balochards.

Les allées se défonçaient, les arbres séchaient, les

fleurs penchaient flétries sur leur tige, et la désolation régnait déjà dans ces beaux lieux où tout était fait pour enchanter le regard, comme dit l'auteur de *Télémaque* dans une description célèbre, lorsque le nouveau préfet intervint. A sa voix, l'arrosoir et la bêche chassèrent pour quelque temps le niveau et la truelle. Le terreau mit en fuite le mortier. L'ombre périclitait; on planta des érables, des azédarachs, et cette avenue du plateau qui, malgré les détracteurs du bellombra, fait aujourd'hui tout l'honneur du jardin. Les essences manquaient de distinction : partout le vulgaire cactus et le commun géranium rouge ; on leur adjoignit l'alisier, le baguenaudier, le mimosa, le poivrier, l'hibiscus, l'abutilon. Puis, pour rappeler le public effarouché quelque peu, l'on ouvrit les grilles plus tôt, on ne les ferma qu'à la nuit, et, le dimanche, pendant la musique, le premier fonctionnaire civil du département, prêchant d'exemple, vint s'y promener. Le beau monde le suivit, et pendant quelques années, années trop tôt disparues, ce coin riant demeura le rendez-vous favori de la société d'Alger.

Il existe peu d'amours platoniques. Las de courtiser, en tout bien tout honneur, les bambous de l'Etat et les rosiers de la commune, M. Lautour-Mézeray voulut un jour avoir des plantes à lui, en toute propriété.

Rien de plus aisé ; son traitement lui permettait ce luxe. « Mais où placer mes pots, où ranger mes boutures ? Sacre.. (pardon, je crois l'entendre encore, l'homme excellent, mais aussi parfois bien original), sacrebleu, cette terrasse ! » Le prédécesseur, justement, l'avait ornée déjà de quelques fleurs. Et vite les orangers, les daturas, les camellias de gravir, à dos de biskri, l'escalier de la Préfecture, et de rappeler bientôt, par leur masse et leur exposition aérienne, les jardins tant de fois célébrés de Sémiramis. En même temps, des bananiers, des bambous, plantés dans des caisses au fond de la cour, égayèrent de leur verdure les galeries de chaque étage.

Le crime fut-il donc si grand ? Dieu sait quelle clameur accueillit ces innocents loisirs. On cria (feuilleter l'*Atlas*, l'enfant terrible de l'époque) à la dilapidation des deniers publics, à la dégradation du bâtiment communal. Le budget n'y pourrait suffire, les plafonds allaient céder, toute la poterie s'écrouler, et la mort la plus affreuse attendait, dans leurs bureaux, les employés de la Préfecture... La Préfecture est encore aujourd'hui, que je sache, en fort bon état. Je l'ai même vue, pas plus tard que la semaine dernière, encombrée par des polkeurs autrement effondrants que la tranquille tubéreuse et le magnolia sédentaire. Et supposé que le caprice horticole de M. Lautour-Mézeray eût détourné de l'administration des harras ou de la fonderie des canons quelque insignifiante obole, était-ce donc payer trop cher l'exemple d'un goût si naturel, si sain, si moralisateur ? Qui sait combien de cours dans Alger, de terrains dans la banlieue, ne lui doivent pas leur verdure, leur fraîcheur et leur agrément !

Si grande qu'elle soit, par malheur, une terrasse est vite pleine. Et puis ce soleil d'enfer, et puis ce reflet brûlant des habitations voisines. Aussi, bientôt dominé par le désir d'avoir un vrai jardin, le préfet chercha-t-il, dans Alger et dans ses environs, un lieu propre à l'horticulture. Précisément alors végétait dans l'abandon, au-dessus du jardin Marengo, non loin de la mosquée sidi Abd-er-Rhaman, un lopin de terre en friche appartenant aux Domaines. On en fit l'acquisition, l'entoura de murs, l'amenda, et bientôt à la place des chardons fleurirent des plantes d'agrément et des arbustes exotiques. Un petit marabout, reste de quelque tombeau maure, trouvé là caché sous des ronces, fut restauré, blanchi, meublé, et ne contribua pas peu, dit-on, au charme de cette retraite. Il existe encore aujourd'hui ; mais que sont devenus les ombrages qui le couvraient ?

La préfecture avait changé de titulaire lorsque, dix

ans après le petit épisode que je viens de raconter, M. le commandant Loche éprouva le besoin de doter Alger d'un jardin zoologique. Il en avait toutes les bêtes logées fort à l'étroit dans la maison mauresque de la rue des Abdérames où travaillent aujourd'hui les petites pensionnaires indigènes de Mme Barroil. Restait à trouver le terrain. Quoi d'étonnant s'il pensa tout de suite à demander le jardin du préfet qui végétait entre ses murs, abandonné, oublié ! Personne, depuis des mois, n'y avait vraisemblablement mis les pieds.

Je fus un des premiers à pénétrer dans ce clos mystérieux. M. Loche, fraîchement investi, me servait de guide. Je le vois encore, marchant devant, le front haut, l'air superbe ; j'entends encore la grosse clé rouillée tourner en grinçant dans la serrure ; je suis encore sous le charme de l'impression que me causa l'aspect inattendu d'un véritable coin de forêt vierge. Deux lustres de végétation sous ce ciel, mais c'est comme cent ans dans le Nord ! Les figuiers, les bananiers, les pamplemousses, livrés depuis longtemps à eux-mêmes, avaient poussé de tels rameaux que le soleil n'y pouvait plus piquer que çà et là de minces flèches. C'étaient partout des fouillis magnifiques, des enchevêtrements délicieux. Et puis une fraîcheur, des parfums ! Oh ! le bon jardinier que la nature !

Mais soudain il me vint, avec la réflexion, un pressentiment douloureux : il va falloir des cages ; les cages prennent de la place ; la place, comment la trouver, sinon en abattant des arbres ? Et puis le commandant effleurait d'un regard si froid, si hostile, certains pieds de lilas, certains touffes de plombago ! — « Vous ne changerez rien, n'est-ce pas ? Au nom de l'art, je vous en prie. Vos animaux, j'en suis sûr, s'arrangeront parfaitement de ces massifs ; il se croiront encore dans leurs bois. » Le commandant était le meilleur homme du monde ; il me rassura de son mieux.

Peu à peu cependant les lynx, les léopards, les vautours, les lions arrivèrent, et les cages, les cabanes, les appentis à leur suite. Or, chaque installation entraînait la perte d'un accacia, d'un budlée, d'un clerodendron. — « C'est le dernier, c'est le dernier, » me disait chaque fois le brave naturaliste, en voyant mes traits assombris. Mais le lendemain il fallait donner de l'air au chat tigre, et vite encore un magnolia de moins ; un autre jour c'était tel passage trop étroit pour l'affluence des curieux, et vingt bergamotiers d'aller rejoindre le magnolia. Bref, il ne resta bientôt plus, de l'ombreuse futaie, que quelques arbres clairsemés.

Ce malheureux lopin, si le sort ne se lasse de le molester, bientôt il aura couru plus d'aventures que la fiancée du roi de Garbe. Déjà la ménagerie prenait tournure. Sa demoiselle de Numidie, son chacal apprivoisé, ses singes, la paire de lionceaux dont l'avait enrichie le maréchal Pélissier lui valaient nombre de curieux. C'était, le dimanche surtout, une réelle affluence. La musique même en souffrait. On délaissait les trilles du piston et les fugues de la clarinette pour les cris de l'aigle royal et les miaulements de la panthère, lorsque le conseil municipal trouva que les animaux faisaient au budget une trop large brèche. Des trois et quatre mille francs de graine et de viande fraiche par an, tandis que l'on manquait de fonds pour les besoins les plus impérieux ! Aussi les subsides furent-ils énormément restreints, sinon tout à fait supprimés.

Impossible, après cela, de songer à l'agrandissement des cages et à l'adjonction de nouveaux sujets. Pour comble d'infortune, le mur soutenant les terrains du côté de la prison civile vint à s'écrouler tout à coup, et plus de soixante oiseaux rares périrent sous ses décombres. Rien pourtant n'abattait le courage obstiné du commandant naturaliste ; il était même en train de réparer, par maintes captures, la perte de ses principaux pensionnaires, lorsque des fièvres, contractées dans une exploration scientifique, l'enlevèrent à sa collection. Ce fut le coup de mort du jardin zoologique. Les bêtes furent vendues, les cages démembrées, et le clos, fermé au public, retomba dans un abandon que les ombrages du préfet n'étaient plus là pour poétiser.

Sur ces entrefaites, un professeur de médecine et d'histoire naturelle, M. Bourlier, animé, faut-il croire, d'intentions excellentes, conçut le projet d'avoir sous la main, à l'usage de ses élèves, un jardin botanique. Pouvoir étudier sur nature et presque sans se déplacer, la rhubarbe, la salsepareille, la bourrache et la camomille, quel avantage! Mais où trouver le terrain nécessaire à l'entretien des échantillons? Alger n'est guère, du haut en bas, qu'un rocher nu et stérile. Parbleu! ce clos abandonné... Et vite d'intéresser nos édiles. Qu'ils cèdent l'usufruit du clos, et l'on s'imposera en échange les difficultueuses fonctions de directeur du jardin Marengo, l'on en pansera les plaies et surveillera gratis les travaux. Aussitôt fait que dit; le conseil municipal approuve tout, accepte tout. Le bon débarras!

Cependant, aux premiers coups de pioche, l'opinion publique s'émut. On craignit, non sans raison, peut-être, que les arbres ne fussent sacrifiés aux herbes, la décoration à la botanique. On se figura le jardin veuf bientôt de ses ombrages et tristement, par contre, moucheté de sujets médicamenteux. La presse réprouva vivement ces tendances et force fut au professeur de restreindre ses opérations au seul clos du commandant Loche. Là, par exemple, il eut carte blanche. Aussi le vit-on bientôt dresser des chassis et tracer des plates-bandes. Mais, encore une fois, le défaut de subsides arrêta l'œuvre en son germe. A quoi bon effectivement ce diminutif, cette parodie de jardin des plantes quand on avait, pour rien, à quelques pas de là, et bien autrement variées et complètes, les collections scientifiques du jardin d'Essai! De toutes ces belles promesses, de tous ces coûteux travaux, il ne résulta donc que deux serres dans lesquelles jamais on ne vit un seul pot, et d'innombrables bordures de santoline que jalonnaient, fichées en terre, des étiquettes de plantes mais sans le moindre sujet à leur pied.

Une des premières délibérations du nouveau conseil municipal eut pour effet de supprimer le soi-disant jardin botanique et d'en réunir le terrain à celui du jardin Marengo. Les serres ont été adjugées à vil prix, les bordures de santoline laborieusement arrachées, et c'est, paraît-il, à un ingénieur géomètre qu'ont été dévolus, cette fois, les soins d'un remaniement si souvent entrepris et toujours avorté. Or, nous avons aujourd'hui sous les yeux le produit de ce nouveau travail. Je proteste que, pour ma part, je ne l'ai visité qu'aavec le désir de le trouver à mon goût. On se lasse de critiquer, et le blâme obstiné ne nuit pas moins à son auteur que l'éloge systématique. Eh bien, malgré toute l'envie d'approuver qui m'anime, il me faut, cette fois encore, formuler un blâme.

La malheureuse idée que d'avoir dépouillé la petite couba des pans de volubilis qui l'ornaient avec tant de grâce, et de l'avoir flanquée, à ses quatre angles, de quatre méchants orangers ! C'est comme dans la chanson de Malbrough :

> Aux quat' coins de sa tombe
> Romarin l'on planta.

Et puis ces petits carrés, ces petits ronds, ces petits polygones bordés invariablement de santoline ; ces petites allées tracées au compas, tirées au cordeau, uniformes, symétriques et si étroites qu'on n'y peut passer plus de deux ! Enfin, au lieu d'arbres à haute tige, au lieu de massifs ombreux, ces plantes naines, mathématiquement espacées ! Ça, un jardin public ? C'est l'amusette d'un enfant. Ça, un jardin d'agrément ? C'est, pour faire suite au jardin zoologique de M. Loche et au jardin botanique de M. Bourlier, un *jardin géométrique*. J'ai regret à le dire, mais *amica veritas*, la nouvelle administration, malgré tout son bon vouloir, est loin de nous avoir rendu le jardin si dispendieusement et si inutilement gâché du préfet. Son œuvre même jure auprès du jardin Marengo déjà si ravagé pourtant, et même si déchu dans l'opinion communale que l'on vient d'en supprimer le petit parc à musique. Donc plus jamais vos chants, Hérold, Rossini, Meyerbeer, ne viendront animer ces vertes solitudes ; plus jamais, Algériens, vous n'y retrouverez le joyeux rendez-vous qui, tant d'années, charma vos loisirs du dimanche. Ainsi tout passe, tout finit. Si du moins nous n'avions à en accuser que le sort !

XVII

LA HAUTE VILLE

Vous souvient-il, mon cher Tobie, de nos premières explorations dans Alger avec l'Anglais William Mitford ? C'était en 1855. La ville, quoique déjà considérablement francisée, offrait encore en mille endroits, et surtout dans les hauts quartiers, le pur cachet oriental de la domination islamique. Nous étions, vous et moi, pour les constructions indigènes. Nous en recherchions les bizarreries, nous en admirions jusqu'aux monstruosités. Les rues étroites, les porte-à-faux, les étages en surjet, les lucarnes grillées, les passages voûtés nous ravissaient en extase. William, au contraire, ne prisait que les bâtisses modernes. Les maisons de la place du Gouvernement, la galerie Duchassaing, le théâtre surtout que l'on venait d'achever excitaient sa verve dithyrambique. Et lorsque, pour plaisanter, nous l'appelions bourgeois, Vandale, Philistin, il ripostait en nous traitant de poëtes, de fous. Aussi le laissions-nous dans la basse ville en tête à tête avec les « merveilles de la civilisation » toutes les fois qu'il nous prenait envie d'escalader les rues montantes et de nous enfoncer dans les « ténèbres de la barbarie. »

C'était, du reste, presque tous les jours, tant la couleur locale fascine la plupart des nouveaux débarqués. Radieux souvenirs ! A peine le déjeuner fini, déjeuner toujours relevé de couscoussou, de dattes, de zalabia et autres friandises mauresques, nous gravissions la rue Porte-Neuve, non en courant, fi la gloutonnerie ! mais à pas comptés, en gourmets. Tant de curiosités à voir ! ici les cordonniers indigènes avec leurs chapelets de sbabeth, là les épiciers mozabites au fond de leur alvéole ; à droite, la fontaine arabe entourée de biskris au seau de cuivre rouge ; à gauche, l'école indigène avec son pédagogue en lunettes et ses yaouleds psalmodiant à tue-tête leur leçon. Autant d'individus d'ailleurs, autant de sujets d'étude, car une fois passé la rue de Chartres, le vil chapeau-tromblon faisait place au noble turban, la plate redingote au burnous pittoresqué, et plus on montait et plus la population s'africanisait, « s'épurait. »

Parvenus à cent mètres environ d'altitude, nous tournions d'ordinaire à droite et prenions la rue d'Anfreville qui, fort étroite encore et pleine de zigzags, de recoins, de surprises, nous conduisait dans un lieu si riche d'étrangeté, de haut goût et d'animation, que ni Beyrouth, je crois, ni Smyrne, ni Constantinople n'en pourraient offrir de mieux réussi : le carrefour de la rue Kléber. C'était comme un entrecroisement de tunnels baroques, surbaissés ici, surélevés là, ronds, carrés, aigus tour à tour, irrégulièrement percés de trous inégaux, d'antres mystérieux, de baies incompréhensibles et parcimonieusement éclairées par des jours de souffrance, des fissures et des crevasses. Un banc de maçonnerie y longeait la base des murs, serpentant, bossué, contourné comme eux, et sur ce banc méditaient assis, accroupis, étendus en toutes sortes de postures, des musulmans costumés avec plus ou moins de richesse, mais tous superbes de ton, de galbe et de perspective. Un flot continuel de passants allait grimpant, dégringolant, sautant, tourbillonnant entre ces personnages tranquilles auxquels un yaouled venait de temps en temps offrir soit du charbon incandescent, soit une tasse de café.

L'incomparable observatoire ! Nous ne manquions jamais d'y faire une longue halte. Que la galerie fût au complet, n'importe, nous refoulions cabans et serrouals, nous nous faufilions entre les burnous. Les parasites, la vermine, c'était le moindre de nos soucis. Vit-on jamais un étranger s'inquiéter de pareilles vétilles ? Il est des spectacles sans prix. D'ailleurs on ne meurt pas d'un pou. Nos places plus ou mois discrètement conquises, nous ne les eussions pas cédées pour un empire. Nous nous y campions avec majesté, les jambes croisées à la turque. Nous y débitions fièrement, en les écorchant Dieu sait comme, les trois ou quatre pauvres mots qui formaient tout notre bagage d'arabe : *Kaouadji, kaoua, nar !* Cafetier, du café, du feu ! Et la tasse à la main, la cigarette aux lèvres, nous passions heure après heure à savourer les sauvages délices de ce coin conservé si pur à cent pas du fastidieux alliage français, mahonnais, espagnol et maltais.

Profitant du voisinage, nous faisions ensuite visite à quelques employés algériens, amis de nos amis de France, et près desquels nous avaient introduits des lettres de recommandation. Ils étaient cinq ou six, jeunes, aisés, aimables, et mettant à profit leur traitement, leur indépendance pour se payer, loin des regards jaloux, dans les quartiers perdus d'Alger, une petite maison. Rien de plus excentrique. A peine avions-nous frappé d'un coup sec et discret la porte surbaissée de l'habitation clandestine, qu'un mufle de négresse se montrait au-dessus, dans le cadre d'une lucarne. Et nous de souffler à voix contenue le nom du seigneur : sidi Paul, sidi Léon ! Deux minutes s'écoulaient, puis les verroux de grincer, puis la porte de s'ouvrir à demi, hésitante, tremblante. Nous entrions enfin dans la cour toute pleine d'ombre et de fleurs. Un cri de joie retentissait, nous levions les yeux, et, sur l'appui verni des balustres à jour du premier étage, entre le fût d'une colonne torse et les larges feuilles d'un bananier, nous voyions apparaître souriant, émérillonné, splendide et couronné de jasmin et de rose, le visage de la maîtresse. Maîtresse et seigneur, tous les deux d'accourir aussitôt à nous et de nous guider au travers des escaliers inégaux : Prenez garde à la voûte, méfiez-vous de ce pas ! On s'asseyait, ou plutôt se couchait, sur le divan moelleux, dans la chambre d'honneur. La négresse apportait le café. La richesse des doubles tasses en filigrane de Gênes, le style du plateau en cuivre pâle émaillé d'arabesques excitaient notre admiration. Les miroirs, les bahuts, les rideaux, les parures étaient passés tour à tour en revue. Que de questions et de commentaires ! O les bonnes journées, ô les divins loisirs !

La Porte-Neuve n'était qu'à deux pas. Nous manquions rarement d'en explorer les abords. Le sommet de la rue avec ses bellombras recourbés formant arche, la baie mauresque au fond d'un couloir sombre et tortueux, les vieux battants bardés de fer et constellés de clous rouillés, la fontaine arabe blottie au bas des imposantes murailles et constamment égayée par les porteurs d'eau musulmans, les yaouleds batailleurs et les lavandières voilées, autant de splendides tableaux. Le ravin du Centaure n'avait encore, à cette époque, ni ses échoppes informes, ni son ruisseau nauséabond. C'était un vaste fossé tout plein d'herbages en fleur et de ricins arborescents. Quelques gourbis, quelques fondoucks en parsemaient pittoresquement les abords, et seule, une brèche étroite, profondément creusée dans la muraille, indiquait l'endroit que devaient bientôt occuper la rue Rovigo, la place de la Lyre et la rue Napoléon. Les aimions-nous ces vertes solitudes ! Vous rappelez-vous notamment le petit mamelon dont nous avions fait le reposoir de nos fugues ? Un vieil olivier l'ombrageait, et là, couchés sur un tapis de mauves, nous nous oubliions des éternités à contempler la mer que rien ne cachait à la vue, les vieux murs couronnés de lentisques, et, tout autour de nous, les Arabes occupés, les uns à dire leur prière avec les mouvements rhythmés qui l'accompagnent, et les autres à cuire leur frugal couscoussou dont la vapeur montait bleuâtre dans le ciel.

Ce n'étaient point des calèches, mais des chameaux, qui stationnaient alors près du théâtre. Nous leur jetions, en passant, un regard curieux, nous les touchions du doigt comme pour éprouver leur authenticité, si longtemps ils n'avaient existé pour nous qu'à l'état de gravure ou de sujet empaillé ! Puis, suivant la rue de Chartres, nous arrivions au bazar d'Orléans. Il ne brillait certes point par le luxe, ce bazar, mais son architecture mauresque et sa population mograbine en faisaient, pour l'étranger, un délectable morceau. La porte principale, ogivale et dentelée comme la galerie extérieure de la Grande-Mosquée, s'ouvrait sur la rue même, au haut d'un escalier de trois à quatre marches. Venait ensuite un passage formant rond-point en son milieu, sous une vaste coupole, et débouchant à l'opposé sur la place Malakoff, à l'endroit à peu près où se trouve aujourd'hui l'angle de la rue Napoléon.

La plupart des boutiques arabes que nous voyons maintenant disséminées par le bazar du Commerce, la galerie Napoléon, le passage du Vieux-Palais et les arcades voisines, étaient alors concentrées dans le bazar d'Orléans. Des tailleurs, des brodeurs, des tisserands indigènes y avaient en outre élu domicile, et si nombreux, si drus, que de toutes parts les boutiques empiétaient sur le chemin. On n'y pouvait marcher sans heurter un ballot, frôler une vitrine ou coudoyer un ouvrier. Tout cela, du plus pur bédouin. Pas un ton faux, pas une tache. Les étalages, les costumes, les apostrophes, l'air même imprégné de parfums, rien qui ne rappelât l'Orient. Hamed, vous vous rappelez cette espèce de filou doublé de pacha à trois queues, qui nous a tant choyés, tant rançonnés, et qui devait finir si mal, Hamed nous donnait des chaises et nous nous asseyions près de lui. C'était alors comme un inventaire. Nous touchions à tout, de tout nous demandions le nom, l'usage et le prix. Nos poches s'enflaient à mesure : pipes, pastilles du sérail, bracelets, flacons d'essence, foulards lamés de Tunis s'y amoncelaient, s'y tassaient, tandis qu'à mesure aussi nos bourses s'aplatissaient. Mais où nous aimions surtout nous ruiner, c'est aux ventes à l'encan. Elles commençaient vers deux heures. On s'y pressait ! Et des cris ! Nous ne comprenions pas un mot, mais nous voyions passer devant nous, portés, tirés, arrachés par mille mains, serrouals, sbabeth, burnous, chachias, frachs, flissas, gaudouras, tellis, et lorsqu'un de ces bibelots nous tentait, Hamed l'achetait pour nous. Ce qu'il y gagna de commission, Dieu le sait ! N'importe, quel bon usage nous ont fait les costumes acquis en ces insidieuses enchères, le vôtre à courir par les bals masqués, le mien à couvrir des modèles !

— « Rue Porte-Neuve, café du carrefour Kléber, petites maisons mauresques, scènes du bazar d'Orléans, vous allez revoir tout cela, » me disiez-vous en soupirant lorsque je vous quittai l'an dernier. Vous paraissiez envieux de mon sort. Consolez-vous, cher Tobie. Depuis quinze ans, la colonisation a marché. Cette rue Porte-Neuve, qui d'un bout à l'autre n'offrait à l'œil qu'habitations indigènes, est maintenant élargie dans presque tout son parcours, et bordée çà et là de hautes maisons qui semblent fort étonnées de percher sur des pentes où jamais demeures chrétiennes ne s'étaient aventurées jusqu'alors. Les rues Napoléon et Randon la coupent en trois parties, et lui font subir de telles cascades qu'il a fallu changer en escalier maint et maint endroit de la rampe. D'où suit, pour le passant une circulation plus pénible, pour les immeubles riverains des abords presque fantastiques, et pour la ville enfin des procès. Quel propriétaire, en effet, quel locataire peut voir d'un œil indifférent le seuil de sa maison, qui naguère donnait de plein pied sur la rue, aboutir maintenant au bord d'un précipice ?

La maurescomanie est aujourd'hui passée de mode. Nos petits crevés algériens semblent préférer de beaucoup à la houri musulmane votre cocotte métropolitaine. Ce changement de goût s'explique. Pour les premiers colons, tous immigrants, tous pionniers, le prestige, l'attrait, le charme résidaient surtout dans les choses indigènes. Porter le burnous au lieu du paletot, fumer dans un narghilé, baragouiner le sabir, entretenir une maîtresse saharienne, voire tant soit peu tombouctoune, Fathma, Lobna, Mouina, quel genre babylonien ! Mais aujourd'hui que la plupart de nos étudiants, de nos employés sont créoles, que beaucoup même d'entre eux n'ont jamais passé la mer, la distinction, l'élégance, le suprême bon ton git dans les manières françaises. Porter le veston le plus court, griller des londrès à dix sous, parler la langue verte de Mabille, tutoyer Paméla, Gabrielle, Marie, quel brevet d'atticisme et de civilisation ! Effacée la distance, comblée la Méditerranée, la place du Gouvernement donne le bras à la chaussée d'Antin !

D'ailleurs, où trouver maintenant un quartier assez retiré pour y vivre incognito à l'orientale ? Le carrefour de la rue Kléber est en partie reconstruit. La voûte menaçait ruine, on l'a dû supprimer, et le café maure, privé de la moitié de ses bancs, n'est plus que l'ombre de lui-même. La porte Neuve a disparu. Tout le quartier qui l'environne semble au lendemain d'un bombardement ou d'un tremblement de terre. Pas une rue qui n'y soit ébréchée. On ne rencontre à chaque pas qu'excavations, entassements et ruines. Il y a notamment, sous les murs de la Casbah, une longue et profonde tranchée, péniblement creusée dans le roc vif, et dont la destination ne s'explique pas tout d'abord. A voir si dispendieux et si gigantesques travaux dans un endroit que la population déserte de plus en plus chaque jour, on imagine le tracé d'un aqueduc, les fondations d'une citadelle. Point ; il s'agit d'une rue : le boulevard de la Victoire ! Mais quels industriels, quels boutiquiers, quels bourgeois éprouveront jamais le besoin d'aller se jucher là-haut ? Ah ! plus on avancera et plus on sentira combien nos devanciers ont eu tort de greffer la moderne Alger sur le sauvage El-Djezaïr, combien nous sommes nous-mêmes fautifs en persistant dans leur ingrate tâche. O Mustapha, c'est dans ta riche plaine, c'est sur tes riantes collines qu'il fallait tranférer le chef-lieu de la colonie. On se plaint de la rareté des logements, du renchérissement des loyers ; on s'étonne que la commune après trente années d'existence et d'expédients n'ait encore ni Bourse, ni marché, ni lavoir couverts, ni hôpital, ni tribunaux, et se trouve embarrassée pour les plus indispensables bâtisses ; que l'industrie privée elle-même laisse tant de terrains dormir ; parbleu ! quand pour la moindre construction, il faut soit élever son rez-de-chaussée sur trois étages de voûtes, comme au boulevard de l'Impératrice, soit l'enfouir à trente mètres comme au fossé de la Victoire !

Le reste à l'avenant pour tous les travaux de voirie. Le Conseil municipal a récemment décidé qu'une promenade publique remplacerait les échoppes et l'égoût qui maintenant infectent le ravin du Centaure. Fort bien ; mais se figure-t-on exactement ce que sera cette promenade avec son terrain en déclive ? Cinq ou six places de la Lyre alternant avec cinq ou six escaliers du théâtre. L'affriolante perspective, surtout si les pavés en doivent être aussi moelleux et les ombrages aussi frais ! Admirez en outre l'échange. Un jardin existait à la porte Bab-el-Oued, charmant, précieux, bien situé ; on le détruit pour bâtir à sa place un lycée excentrique, malsain, impossible. Le ravin du Centaure convenait parfaitement à l'installation du nouveau lycée ; on y va planter un jardin, et quel jardin ? le plus fantastique assemblage de plateaux et d'escaliers qui se soit jamais vu peut-être.

Le bazar d'Orléans n'est plus. Une grande maison

le remplace avec façade ultrà-Haussmann. On n'a pas même jugé à propos de la border, sur la place Malakoff, d'un passage couvert qui, suppléant à l'ancien bazar, eût relié entre elles toutes les galeries de la ville. Fi l'agrément, fi la commodité ! Donc, cher Tobie, si jamais il vous prend envie de revoir ce bel Orient dont ici nous avons naguère salué que l'avant-corps, le vestibule, allez au Caire, à Damas, à Constantinople, mais ne revenez pas à Alger. Quant à l'ami William Mitfort, voici l'heure sonnée pour lui. Qu'il accoure. Le boulevard de l'Impératrice lui rappellera la rue Vivienne, et la rue d'Isly Batignolles. Rien même, dans l'avenir, qui risque d'offusquer son goût, car, si j'en crois les projets de nos édiles, les devis de nos architectes, la place Napoleon avec son palais impérial et son palais de justice, tous deux construits à la dernière mode, sera digne de Meaux en Brie et de la Ferté-sous-Jouarre.

XVIII

LA CAMPAGNE

Il n'existe assurément pas de plus belle vallée que la Conque d'Or, cet immense jardin à l'entrée duquel Palerme est assise. Figurez-vous, depuis le bord de la mer bleue jusqu'à la base des monts rangés en amphithéâtre, dix lieues carrées de palmiers, de citronniers, de pampres, d'orangers aux pieds desquels bondissent, sans tarir jamais, des milliers de ruisseaux limpides. Les plus riches monastères, les plus fastueuses villas parsèment de leurs blanches façades et de leurs dômes sarrazins cet océan de verdure. Qui ne connaît au moins de nom la Favorite, cette résidence royale où les Bourbons de Naples ont prodigué le marbre et l'or ; la chartreuse de Saint-Martin dont la chapelle est un musée sans prix ; Belmonte, la Ziza que Boccace a peuplée des plus gentilles héroïnes de son joyeux *Décaméron* ; Bagherie, enfin la Flora que signalent au loin ses gigantesques sycomores?

Les environs de Florence ne sont pas moins vantés que ceux de Palerme. Le Poggio Imperiale, Bello-Sguardo, Vallombreuse touchent aux portes de la ville, et c'est à travers les plus fertiles vergers que court en serpentant la route de Fiésole.

On dit « Gênes la superbe ». Est-ce à cause seulement des palais qu'elle renferme ? Non certes, et les pompeuses villas aux décorations théâtrales, et les domaines princiers aux luxuriantes tonnelles des collines qui l'entourent, de l'Albaro notamment, entrent sans doute pour beaucoup dans le choix de son surnom.

Nommer Salerne, Sorrente, Amalfi, c'est évoquer le souvenir des plus poétiques accents que la campagne ait inspirés. Et positivement, lorsque de la maison du Tasse ou du tombeau de Virgile, on contemple ces caps aux courbes harmonieuses, ces penchants émaillés de fleurs, ces îles enchanteresses, il semble que la pensée ne puisse rien concevoir au delà. On ne rêve ni plus parfait, ni plus divin, le paradis perdu.

Eh bien ! tous ces Elysées ont à mon sens un défaut capital, un défaut devant lequel leurs qualités mêmes s'évanouissent. Impossible d'en jouir. Sortez vous de Palerme, de Gênes, de Florence, vous longez bien la Favorite, vous traversez l'Albaro, Vallembreuse est proche de vous ; votre plan vous le dit, le passant vous l'affirme ; mais vous ne les voyez pas ; des murs les cachent à vos yeux, de grands murs nus, arides, insipides et qui, se suivant sans interruption pendant d'interminables lieues, ou vous fatiguent à la course, ou ne vous lâchent qu'à la mer, à la lande, au rocher, alors enfin qu'ils n'ont plus de secrets. Une grille de temps en temps, une porte entrebâillée vous montrent bien les trésors qu'elles gardent ; un arbre au-dessus des clôtures vous laisse entrevoir des rameaux, mais à quoi bon ces échappées traîtresses ? Elles ne font qu'irriter votre envie. Le supplice de Tantale.

La campagne d'Alger n'a, que je sache, été chantée par aucun grand poëte ; aucun artiste en renom ne l'a peinte, et les Delacroix, les Vernet, les Guillaumet, les Fromentin, les Dauzats se sont appliqués à traduire plutôt les scènes du Tell, du désert et des oasis, que les sites charmants dont nos environs se composent. Ecoutez aussi les touristes : ils citeront Rome pour ses ruines, la Suisse pour ses glaciers, la Prusse, la Russie pour leurs jardins d'hiver, Arles pour ses jolies filles, Naples, l'Andalousie, la vallée du Graisivaudan pour l'étendue des perspectives. S'ils parlent d'Alger, ce sera pour vanter son climat, son aspect oriental ; mais de Kouba, de Mustapha, d'El-Biar, peu de mots.

J'ai visité, je crois, les pays les plus pittoresques ; voici huit ans que j'habite Alger, que j'en explore la banlieue ; j'ai donc pu comparer, je me sens même quelque droit de hasarder un avis. Eh bien ! je le proclame, en dépit des meilleurs souvenirs d'une jeunesse consacrée tout entière à la vie nomade, s'il est des campagnes plus vastes, plus célèbres, plus semées de châteaux, plus prodigues de bois, plus arrosées d'eaux vives, on n'en saurait trouver de plus agréable que la nôtre. J'en prends à témoin tous ceux de nos rares hiverneurs qui l'ont parcourue en détail. Qu'un Lamartine seulement la chante, qu'un beau roman la poétise, qu'un Marilhat en peigne les ombrages, qu'elle soit plus fréquentée, mieux connue, et c'en est fait du sceptre de ses rivales.

LE CHEMIN DES AQUEDUCS.

Quoi, par exemple, de comparable au chemin des aqueducs ? Vous prenez une calèche, ou mieux vous escaladez l'impériale de l'omnibus qui part toutes les heures de la rue Cléopâtre pour l'église de Mustapha. Mais souffrez que je vous guide. Dès la place d'Isly, l'intérêt nous empoigne. Ces caroubiers, enfants du père Sivadier, comme ils ont bien réussi ! Quel meurtre seulement d'en avoir écimé les tiges ! Il les a bien pleurées, le digne homme, lui qui rêvait, pour ce faubourg, la charmille en berceau des allées de Choubrah !

Les fortifications et leur triste zone passées, nous roulons en pleine magie de vingt panoramas qui vont se déroulant, aussi complets que variés, jusqu'à la colonne Voirol. C'est d'abord, à droite, le bourg d'Isly dont les terrasses mauresques découpent sur le ciel bleu leurs blanches lignes de créneaux, et que domine avec ses vieux murs lézardés la silhouette imposante du fort l'Empereur. A gauche, c'est la baie qui semble s'élargir à mesure qu'on monte, Matifou, le Sahel, l'Atlas, le Jurjura dont les tons argentés, dorés, azurés, suivant l'heure, et dont les plans superposés, mystérieux, tentateurs, font rêver fugues et voyages. Comment s'expliquer, devant pareils sites, le lent développement de la villa Clauzel et l'abandon absolu du plateau Saulière ? Des pâturages, quelques chèvres, au lieu des palais qu'ils méritent !

Bientôt après se présentent, au milieu d'oliviers, de figuiers, de néfliers, les deux maisons de Mme Bourgeois, vrais bijoux de pierre et de stuc avec leurs sveltes colonnes, leurs portiques à balustre et le soleil qui du matin au soir les caresse. Vivre là !... Vœu réalisable, avec un portefeuille bien garni. Ce sont des villas meublées. Les hiverneurs déjà se les disputent. Que sera-ce donc après l'achèvement du chemin de fer d'Oran et l'organisation du service de Carthagène !

Cependant la voiture galope, et si nous ne limitons nos transports, ils pourront nous manquer pour des objets plus dignes. Voici le chemin du Sacré-Cœur, si fameux tous ces derniers temps, mais bien déchu depuis les travaux d'élargissement et de rectification qui en ont éclairci la voûte de feuillage. Voici la campagne Yusuf, reconnaissable à son palmier ; la campagne Baccuet, type précieux d'architecture indigène ; la campagne Gerson, et, les surpassant toutes, la résidence d'été du gouverneur général. Quelle plume dira jamais, quel pinceau retracera ces légers péristyles, ces dentelures d'albâtre, ces coupoles s'arrondissant sur la verdure des massifs, ces ombres bleues, cette fraîcheur défiant, même en été, les traits brûlants du siroco ?

Mais là n'est point notre but. Avant d'atteindre ce seuil gardé par des factionnaires, faisons arrêter la voiture et descendons devant la nouvelle école normale, ce gentil bâtiment, construit à l'orientale, et qu'entoure un jardin planté de hauts cyprès. Pour peu que nous y connaissions un professeur, un surveillant, nous pouvons le traverser et voir de près les élèves faisant, en calotte rouge, des essais d'horticulture. Autrement, prenons le premier chemin qui se trouve à notre droite. Les jolies habitations, les magnifiques ombrages! Et puis ces entassements de monts, de rochers, de collines! Remarquons ce potier dont un arsenal de vases, de bustes, de statues décore la boutique, et tournons-lui sans plus de façons le dos pour suivre ce petit canal de bois noir qui, porté sur des chevalets, coupe en biais une prairie.

La villa Laperlier se dresse devant nous. Nous la tournons d'un pas discret et prenons le sentier qui, récemment ouvert à la circulation, traverse la campagne Chauve. Il est tout plein encore de frondescences vierges et de fouillis mystérieux. Tant de particuliers en ignorent l'existence, si peu de passants le fréquentent! A nos côtés s'enchevêtrent le grenadier, le ricin, la clématite, l'églantier ; au-dessus de nous s'entrelacent le caroubier, l'olivier, le laurier dont les rameaux pressés tamisent le soleil. Sous nos pieds verdoient les acanthes, les menthes veloutées et les bizarres graminées de la flore intertropicale.

Des piliers veufs de leurs grilles et flanqués d'énormes cactus, bornent, sans la fermer, cette partie du trajet. La scène change ensuite ; le côté droit se dégage et livre sans voile à nos yeux les magnifiques horizons déjà contemplés en montant, mais agrandis par la distance et la hauteur du point de vue.

Le chemin s'engage, au delà, dans une gorge profonde dont il contourne, en serpentant à mi-côte, les parois. La délicieuse humidité que dégagent ces rochers couronnés de chênes kermès ! Et dans l'herbe touffue qui les tapisse, que de fleurs ! Les bouquets du marché sont à peu près fanés dans nos vases ; l'excellente occasion pour les renouveler ! Escaladons. Nulle barrière, et des vestiges de pas pour excuse. Me pardonne toutefois le propriétaire, au mois de décembre dernier j'ai cueilli là, dans l'espace de vingt minutes, plus de cyclamens que bien certainement je n'en avais vu de ma vie. Ce n'est point par un, par deux, qu'on les détachait de leur touffe, c'est par poignée qu'on les moissonnait. Quelques brins d'hypoglosse, ce laurier herbacé sous les feuilles duquel mûrissent des fruits de corail et qui se gardent si longtemps dans l'eau, quelques brins d'hypoglosse autour, et je ne crois pas que chasseur ait été jamais plus heureux d'un lièvre, d'un marcassin, que moi de mon butin embaumé. On le regardait avec envie dans Alger ; qu'eût-on donc fait à Paris !

Dans les profondeurs cependant, au travers des troncs satinés des peupliers et des trembles, se distinguent vaguement des arbres fruitiers, des légumes, de l'eau même, l'eau si rare ! On franchit un pont rustique devant la campagne Bitrou, et, côtoyant l'autre bord du ravin, on se retrouve bientôt en présence de la mer. Mais ce n'est point tout encore ; de nouveaux détours se déploient le long de nouveaux ravins. Pourquoi finissent-ils ? On arrive trop tôt au village d'Isly.

VALLON DES OUBLIS-UTILES.

Ne le cherchez point sur la carte. Possible qu'il y soit, mais sous un autre nom. C'est un peintre de mes amis, exilé regrettant la France, fils soupirant après sa mère, malade pleurant ses beaux jours, qui, par reconnaissance des oublis utilement trouvés en ce doux lieu, l'affubla de ce pseudonyme. Nous prendrons, s'il vous plaît, pour nous y faire transporter, le modeste corricolo. Vite, cocher, plus vite encore ! Cette manutention, ce dépôt d'immondices, ce mur d'enceinte, cet Agha, ce parc à fourrage, ce Champ de manœuvre, pouah ! Un dernier grogrement pour le marché aux bestiaux dont nous longeons le parapet jusqu'à la gendarmerie, et voici l'enchantement qui commence.

Fontaine-Bleue ! Peut-être vous figurez-vous quelque site lacustral. Un bassin couvert de cresson, de myosotis, de butôme, et d'où ruissèle une onde azurée. Point : la fontaine dite bleue n'est qu'un monument jaunâtre, architecture mauresque, sans une goutte de liquide autour. Seulemment, un plaisant, sans doute, en a peint l'ogive outremer. Voulez-vous boire ? c'est vis-à-vis, à la fontaine de fer, qu'il faut adresser votre soif. N'importe, bien que la naïade lui ait retiré ses faveurs, j'aime voir l'édicule arabe religieusement conservé. Il cadre avec le paysage qui, dans cette solitude, a peu changé depuis l'occupation française.

Mais c'est assez nous arrêter aux bagatelles de la porte. Quittons le véhicule et, nos vingt centimes payés, prenons à droite le premier sentier. Quelle fraîcheur, quel silence ! N'éprouvez-vous pas tout d'abord une sorte d'apaisement ? Il semble qu'on entre dans une église. Ces ormes en sont les piliers, ces clématites enlacées le dôme, ces orangers les encensoirs. A deux cents pas environ se dresse devant nous une porte si vieille, si délabrée, que l'on ne peut vraiment la compter que comme une barrière morale. Pour peu qu'il s'agit de lire ou de flâner, nous la franchirons hardiment. J'ai des intelligences dans la place. Vous verriez alors quels doux lits de gazon, quels jolis bancs de verdure renferme ce petit bois de thuyas, unique dans son genre aux environs d'Alger. Vous verriez quelle profusion de bruyères tapissent ces pentes aimées de l'abeille et du papillon ; quelles grottes mystérieuses, toutes drapées de ronces et de lierre, se cachent à l'extrémité de cet amour de vallon.

Mais poursuivons notre sentier, nous saisirons mieux tout à l'heure l'ensemble du paysage. Après un ponceau de briques, on zigzague entre deux talus couronnés de vieux chênes verts et des murs tombés en ruines. C'est d'un sauvage parfait. Le vandalisme de 1830 n'y semble pas avoir sévi. Tous caroubiers séculaires, tous oliviers d'au moins quatre mille ans. On foule par-ci par-là des vestiges de voie romaine. Mais l'horizon s'est élevé. Tournez la tête à gauche et regardez, sur l'autre berge du vallon que nous dominons maintenant, ces habitations mauresques. Elles tranchent en blanc d'argent sur l'azur intense du ciel et sur l'indigo cru de la mer. De noirs cyprès les entourent, et le verger qui les précède est planté d'amandiers, de pêchers et d'abricotiers si pleins de fleurs au printemps qu'on les croirait poudrés à frimas. Ces maisons portent le nom de leur maître, Mahi-Eddin. Simples et nues au dehors, mais coquettes au dedans. Véritables bonbonnières. Nulle part, évidemment, les Maures ne nous ont laissé de plus gracieux spécimen de leur architecture champêtre. Ce sont, dans les cours, des bassins, des tonnelles, des arcades où les pampres verts se marient aux faïences bleues des corniches, où les jets d'eau bruissent entre les joncs serrés du papyrus et les cornets embaumés de l'arum. Il y a surtout, en vue de la mer et d'Alger, une terrasse ombragée par des budlées, des lantanas, des lauriers roses... Heureux les habitants quels qu'ils soient de ce féerique séjour !

Notre sentier, toujours grimpant mais toujours varié, se poursuit tantôt entre des chênes houx, tantôt entre des haies d'agaves, agaves si complaisants que, n'était le respect de la propriété, l'on voudrait à chaque instant profiter des passages de tolérance que livre en mille endroits leur formidable appareil d'épées, de lances et de pals. O villa Trollier, villa Rigolot (autre pseudonyme), que de croquis, de souvenirs j'emporterai de vos romantiques retraites !

Le chemin se rétrécit tout à coup, l'ombre devient plus épaisse. Des lentisques, des arbousiers, des réseaux de smilace nous cachent le soleil. En plein midi, même au cœur de juillet, une fraîcheur pénétrante. On se croirait transporté dans un tunnel de feuillage. Et l'on marche ainsi fort longtemps, baigné dans ce bon air, noyé dans ce doux crépuscule, jusqu'au sommet du sentier qui débouche, entre la colonne Voirol et l'église de Mustapha, devant un bois de sapins.

VALLON DE LA FEMME SAUVAGE

Une autre excursion dans les mêmes parages. Descendus de voiture devant Fontaine-Bleue, au lieu de tourner à droite, nous continuons la route devant nous. Elle est large et carrossable. N'importe, allons à pied, car il va falloir la quitter au-dessus du vieux caroubier qui naguère embrassait dans sa vaste ramure un plancher à l'instar du robinson de Sceaux Là s'embranche encore une voie romaine. Prenons-la. Rien de plus scabreux, de plus amusant. Et des sites d'un grandiose ! Ce sont les Alpes bernoises avec le ciel de l'Italie et la végétation africaine. Les aloès y atteignent des proportions gigantesques. Les rochers brûlés, effrités, fantastiques, n'y ressemblent à rien de connu. Le plateau, moins tourmenté, nous montre un instant, au-dessus de ses térébinthes, la plaine de la Mitidja, et puis nous descendons l'autre versant de la montagne. On peut ici choisir entre la voie, de plus en plus romaine, et les berges de gauche tout émaillées, suivant la saison, de chrysanthèmes, de scilles, d'iris et d'ornithogales.

Birmandréis paraît bientôt comme un frais village suisse au confluent de trois vallées. Ses moulins à vent, sa fontaine arabe, sa vieille fabrique mauresque à cheval sur l'oued Kenis, son quinconce de platanes âgés de vingt ans à peine et déjà promus au rang de futaie, méritent mieux qu'un rapide coup d'œil. Aussi bien voici des cafés, des restaurants, des hôtels. Asseyons-nous à leurs tables rustiques, sous l'avant-corps de treillage, et prenons, entre la cigarette de Chebli et le verre de limonade, un croquis du site qui nous entoure. Que nous sachions peu dessiner, n'importe ; quelques traits de crayon, une silhouette informe, n'est-ce point assez pour le souvenir ?

En route maintenant par le vallon de la Femme-Sauvage. On le parcourrait cent fois ce vallon, qu'on voudrait le revoir encore. Des bois de pins maritimes en ombragent les flancs abrupts, un ruisseau bordé de vieux ormes en arrose les méandres, mille détours capricieux en changent à chaque instant le caractère et les aspects. Ici les roches surplombantes, les perspectives sévères, là les abîmes de verdure avec leurs essaims bourdonnants de mouches et de libellules. A chaque pas, de ravissants détails : les cerisiers en fleur, les acacias diaphanes, les buissons d'aubépine, les cyprès séculaires tordant autour de leur écorce glabre leurs mille bras enchevêtrés, les jujubiers grincheux, les taminiers, les lierres scintillants ; et puis par-ci par-là des massifs épais de figuiers, de trembles et de peupliers.

Il est des esprits positifs que ces répétitions d'églogues pourraient à la longue lasser. Voici précisément à leur intention des filatures, une magnanerie, quelques maisons de campagne. L'une d'entre elles perchée sur un système compliqué de rampes et de terrasses, rappelle les villas de Nice. Mais ce fameux café de la Femme-Sauvage dont l'enseigne baroque appelait jadis le sourire, qu'est-il donc devenu ? Quel mauvais génie l'a fait disparaître ? Il manque à l'Oued-Kenis dont il expliquait le surnom ? Il était en outre, pour l'étranger, une diversion plaisante aux sérieuses beautés du trajet. On s'en racontait la légende et chacun de la broder et commenter à sa guise. Toutes les bonnes choses s'en vont !

La gorge s'élargit en se rapprochant de la mer. L'horticulture et l'industrie y sont aussi plus largement représentées. Les carrières, les maraîchers, les moulins et les ponts se mêlent aux champs en friche. Le bananier succède à l'aubépine, les haricots à l'asphodèle. Enfin voici le Ruisseau, carrefour bordé de guinguettes, de cabarets, de bicoques, mais d'où rayonnent maints sentiers solitaires et charmants, soit qu'on cherche à gravir les escarpements de Kouba, soit qu'on veuille tirer du côté d'Hussein-Dey.

HUSSEIN-DEY

Va pour Hussein-Dey ! Saluons, au bord du chemin, ces débris de maçonnerie ; on les prétend d'origine romaine. N'était la nouvelle loi Gouilloutet, je vous introduirais dans la campagne Simounet qu'embaument ses buissons de jasmin et ses carrés de géranium, je vous ouvrirais la villa Suquet dont on distingue la blanche façade au bout de son avenue de platanes mêlés de rosiers et de lauriers roses. Mais où nous pouvons hardiment et sans indiscrétion nous arrêter, c'est à la campagne Parnet. Elle s'annonce, à gauche, par des grilles bien peintes et des bâtiments coquets, soigneusement entretenus.

La campagne Parnet tient à la fois du jardin public et de la propriété particulière. Le maître y règne et gouverne incontestablement sans partage, mais il est si content de montrer ses richesses horticoles aux connaisseurs, aux amateurs, aux artistes ; et pour peu qu'on se présente avec urbanité chez lui, l'on est si sûr d'y trouver bon visage, que peu d'étrangers repassent la mer sans avoir fait leur visite et payé leur tribut d'éloges aux magnifiques collections parmi lesquelles nous allons, s'il vous plaît, errer un instant.

A tout seigneur tout honneur. Le voilà, l'air justement fier de son œuvre, mais confus en même temps comme un ami qu'on oblige, et modérant du geste la fureur de ses *concierges* enchaînés. Serrons cordialement la main qu'il nous offre, et, sans autre devoir désormais que le respect des fleurs, des fruits et des plates-bandes, parcourons ces allées où l'on ne sait qu'admirer le plus du nombre des sujets ou de la beauté des produits. Au printemps, ce sont les roses, les plus nouvelles, les plus estimées de tous les catalogues du monde, et doublement perfectionnées tant par les soins du jardinier que par les faveurs du climat. A l'automne, les oranges, les cédrats, les mandarines éparpillées sous les arbres, entassées au coin des allées, et dont l'hôte bien rarement oublie de vous offrir galamment les prémices. En tout temps, des parfums exquis, des floraisons phénoménales : un jour les bergamotiers couvrant la terre à leur pied d'une neige balsamique, un autre jour le dahlia impérialis épanouissant dans les airs les calices liliacés de ses tiges arborescentes.

Tandis que la plupart des campagnes du Sahel doivent aux plantations des Maures leur principal agrément, le jardin de M. Parnet est tout entier son ouvrage. Massifs, bosquets, quinconces, il a tout créé, ne conservant de l'ancienne ordonnance que la clôture de haies vives. Et quelle clôture plus digne des merveilles qu'elle encadre ! Ces oliviers, ces lentisques touffus, enchevêtrés, impénétrables, ne valent ils pas cent fois, avec leur verdure éternelle et leurs cimes arrondies, ces grands murs de prison dont le moindre défaut est de borner la perspective, et de restreindre à l'œil un terrain toujours trop petit au gré de son propriétaire ? Ici point de limites sensibles ; les cultures d'alentour, le Hamma tout entier, Alger, la vaste mer, font partie du domaine. Voir c'est avoir, dit le proverbe.

Mais n'est-il pas temps de rentrer ? Que d'émotions en un jour ! Laissons la route du rivage, un peu poussiéreuse, un peu nue, et prenons celle du Hamma. Des volées de calèches et de corricolos, des cavalcades mêlées d'ânes, de chevaux, de mulets, des masses de piétons aussi variés de costume que d'allure, des troupeaux de moutons, de chèvres, de chameaux nous croisent à chaque instant. Un Longchamps d'espèce nouvelle. Et cela, non comme on pourrait croire, sur la chaussée monotone d'une grande voie rectiligne, mais dans un chemin sinueux, recouvert d'ormeaux immenses au travers desquels s'entrevoient mille intéressantes campagnes. Ce sont, à droite, le jardin d'Essai avec ses lacs, ses palmiers, ses bambous et sa longue allée de platanes couverte au fond sur la mer, le hameau de l'Orangerie si prospère malgré les fétides émanations que lui souffle l'équarrissage, les maraîchers mahonnais avec leurs roseaux et leurs norias ; ce sont, à gauche, les villas Lagier, Delorme, Trottier, si riches en eucalyptus, l'antique café des platanes, le cimetière musulman, lieu de plaisir encore plus que de deuil, enfin sur les flancs du Sahel, l'habitation des arcades et les deux maisons Mahi-Eddin dont les cyprès et les terrasses offrent ici, à contre-jour, leurs plus avantageuses silhouettes.

BOUZARÉAH

Maintenant, le récit d'une excursion alpestre. C'était au mois de mars. Mars est déjà très chaud et tout en fleur sous notre ciel. J'avais un compagnon. *Væ soli!* Des provisions sont empilées dans un petit sac de voyage, nos poches garnies d'albums, et nous prenons, à dix heures, l'omnibus de la Bouzaréah qui, comme ceux de Mustapha, du Frais-Vallon, de Déli-Ibrahim, stationne rue Cléopâtre. Nous voilà sur l'impériale, entre des haricots, des salades, des viandes crues et autres victuailles destinées à ravitailler les habitations de la route. Le ciel est pur, l'air doux ; rien ne nous préoccupe, et c'est avec bonheur que nous entendons le cocher frapper l'air de son fouet savant, et le véhicule rouler à l'ombre des platanes déjà verdoyants de la place.

La rampe Rovigo prestement escaladée, nous laissons tomber, en passant, un regard ami sur le plateau d'El-Biar qu'incline, à notre gauche, maint souriant vallon. C'est la campagne Mourgue, c'est le château d'Hydra, c'est le blanc café maure entre son bouquet de hauts peupliers et son vieil aqueduc romain. Cher souvenir, le jour où nous y vînmes en partie avec le collége arabe. Quel entrain, quelle gaieté! Et puis, pour un peintre, les beaux effets, ces petits personnages répandus par groupes sur l'herbe, ces visages épanouis et vivement teintés par le soleil du soir, ces vestes couleur groseille et ces calottes écarlates!

Bientôt, quittant la route de Staouëli, nous nous engageons, à droite, dans un chemin que bordent des prairies couvertes d'asphodèles. A mesure que nous montons, les horizons s'élargissent. Derrière nous bleuit la ceinture de l'Atlas ; à gauche, la mer resplendit d'un doux azur où se détache la pointe de Sidi-Ferruch et que bornent, dans la brume, le mont Chenouan et le cap Ténès. A droite, Matifou, puis Dellys et Bougie qu'on ne voit pas, mais qu'on devine. En face de nous le village dont on distingue déjà les maisons au travers des mûriers qui commencent à feuillir. Nous dépassons la gendarmerie sur le seuil de laquelle quantité de petits gendarmes, enfants de troupe sans doute, sont rangés et nous contemplent. Enfin la voiture s'arrête auprès d'une fontaine arabe.

Insensibles aux séductions de l'hôtel de la *Bouzare* qu'une fenêtre sépare assez grotesquement de son *ah*, nous prenons, sur les indications de l'obligeant conducteur, un sentier bordé de cactus. L'air vif de ces hauteurs creuse promptement l'estomac. Le sac nous tente d'ailleurs. Une place est bientôt choisie, couverte d'un tendre gazon. Bouteille de vin vieux, poulet, oranges, gâteaux sont tirés des papiers qui les enveloppent. Tout est trouvé délicieux. Les avons-nous pris en pitié, ces dîners de cérémonie servis le soir, à la clarté des lampes, dans des salles chauffées par des poêles nauséabonds !

Le couvert est vite enlevé, des chiens errants nettoient la nappe, et nous poursuivons notre route vers le village arabe dont les premiers gourbis ne tardent pas à se montrer. Ici tout semble étrange. On se croirait à trente lieues d'Alger. Des indigènes à l'air effarouché, sauvage, se glissent çà et là entre des touffes d'aloès. Nous découvrons un cimetière. On l'a dessiné vingt fois. Rien de plus caractéristique : un enclos de cactus, trois ou quatre coubas d'une blancheur éblouissante, quelques palmiers nains si hauts qu'on les prendrait pour des arbres ; au fond, les bleues étendues du ciel, de la mer et des montagnes.

Quand vous ferez cette excursion, laissez l'omnibus repartir sans vous ; il ne donne le temps ni de rien voir ni de rien dessiner. Flânez, travaillez à votre aise, et quand viendra le soir descendez à pied vers la ville par le plateau de la vigie. Mille sentiers s'offrent à votre choix et délicieux au possible. Vous trouverez sans peine le Frais-Vallon. Dinez près du moulin, dans l'auberge rustique et, pour revenir, attendez que la lune soit levée. Vous êtes deux ou trois. Deux amants, trois amis, a dit Victor Hugo ! Je vous promets des impressions hors ligne. Les sentiers si fameux d'Interlacken et du Grindelwald n'ont certes pas de méandres plus curieux, de montagnes mieux découpées, de gorges plus terrifiantes. Ce qu'ils ne sauraient, en tout cas, étaler, ce sont ces arbres en fleur arrondissant leur coupole neigeuse dans la profondeur des abîmes. Apreté et douceur, gentillesse et sublimité, ces contrastes à chaque pas vous surprennent, vous fascinent dans la campagne algérienne.

POINTE PESCADE

Le côté nord du massif a des beautés plus sévères, mais non moins attrayantes que le côté sud. Quelle pente plus ardue que celle qui conduit à Notre-Dame d'Afrique, et cependant, à chaque pas, quels magnifiques points de vue ! Sortis par la porte de l'Oued, nous gagnons Cité-Bugeaud et, l'hôpital dépassé, nous commençons à gravir. Les habitations bientôt disparaissent, et la plage où l'on se baigne, le palmier des fours à chaux, le cimetière chrétien, le fort des Anglais, la mer immense, sans limites, se déploient tout autour de nous comme une carte de géographie.

Un rapide coup d'œil à la nouvelle église ; nous l'étudierons plus tard en détail ; et voilà que soudain, quittant les plateaux nus, nous abordons les chemins encaissés, ombreux et sinueux de la vallée des Consuls. Ce ne sont de toutes parts que lianes de chèvre-feuille, de bryonies et de convolvulus, maisons mauresques, blanches coupoles, bordures d'oliviers antiques. Vraiment à voir si profusément répandus aux portes même d'Alger, et si médiocrement peuplés, tant de ravissants exils, on se sent pris d'une immense pitié pour ces pauvres bourgeois parisiens se disputant au poids de l'or les tristes et maigres cottages de Courbevoie, de Puteaux, de Noisy-le-Sec. Combien d'entre eux pourtant, s'ils pouvaient savoir, passeraient vite la mer ! Quelle stupéfaction pour les jeunes, quel rajeunissement pour les vieux, devant cette flore nouvelle, au tableau de ces frondaisons inconnues et de ces végétations puissantes !

On n'a que l'embarras du choix parmi les sentiers rapides qui plongent vers Saint-Eugène. Le plus court traverse les terrains du petit séminaire, le plus agréable côtoie le ravin de Notre-Dame. M. Durando vous dira les variétés d'oxalis, de centaurées, de gaudes, de bourraches dont les fleurs diaprent ces prés. Heureux le botaniste en ces campagnes bénies ! Il en est roi plus que leur maître même.

Vous avez deux filles, l'une laide, l'autre jolie. Presque toujours la jolie sera fière, sotte, méchante, et la laide bonne personne. Pourquoi ? L'instinct des compensations, fameux système Azaïs. La laide a senti le besoin de suppléer par les qualités du caractère et du cœur aux agréments de la physionomie. Ainsi de Saint-Eugène, bien moins favorisé que l'Agha. Tandis que l'Agha, comptant sur l'attrait de ses perspectives, se couvrait insolemment de grossières bâtisses, Saint-Eugène s'évertuait à faire oublier l'âpreté de ses horizons. De là ces mignonnes villas avec leurs balcons, leurs terrasses et leurs jardins enceints de grilles hospitalières. L'épithète, au premier abord, pourra sembler paradoxale ; mais n'est-ce pas accueillir en quelque façon l'étranger que de lui dire : A défaut de libre parcours dans ma propriété, je t'en laisse toute la vue ; contemple à loisir mes façades, mes allées d'acacias, mes berceaux de vigne vierge ; aspires-en la fraîcheur, respires-en les parfums... Or, pour le passant, qu'importe le reste ?

Comme les défilés abrupts qui précèdent la pointe Pescade en font valoir le doux et champêtre vallon ! On était en pleine Arabie-Pétrée ; un dernier tournant, encore un pas, voici l'Yémen, l'Arabie-Heureuse. J'ai passé, pour ma part, bien des journées à la pointe Pescade, et je n'en suis jamais parti sans me jurer d'y revenir. Les heures y coulent si vite et si joyeusement occupées ! On déjeune au restaurant des platanes, on prend le café chez Ali, sous les pampres feuillus de sa tonnelle mauresque ; on excursionne parmi les ravins. Des arbres, de l'eau, du gazon, des crabes, des papillons, des ruines, ils ont de tout. Ce vieux château de Barberousse avec ses créneaux lézardés et ses contreforts rougeâtres, quoi de plus saisissant, quoi de plus romantique ? On rêve d'Ivanohé, de Mac-Grégor, de Diana Vernon. On se croirait en Ecosse. Et cette jolie plage, avec son sable fin et son eau transparente, ses canons rouillés à fleur d'eau et ses roches pleines de calyptrées, le délicieux bain de mer !

Eh bien, savez-vous quel est, à mon gré, le principal avantage de toutes ces campagnes dont je viens d'esquisser à grands traits le tableau ? Savez-vous ce qui les rend, suivant moi, préférables à celles dont s'énorgueillissent, si justement cependant, Palerme, Florence, Gênes, Salerne, Sorrente, Amalfi ? C'est leur facile accès soit au pied du flâneur, soit à l'œil du passant. La plupart des propriétés de notre Sahel sont encore des champs libres, des terrains vagues où l'on peut se promener à son aise, et les autres n'ayant pour clôtures que des bordures d'aloès et des haies vives d'oliviers, d'yeuses ou de lentisques, loin de nuire à la perspective, contribuent plutôt à l'orner. Que l'on profite, pour marcher, des espaces abandonnés à la circulation, ou qu'on se borne au parcours des chemins, on ne voit tout autour de soi que verdure. C'est comme un jardin sans limites et dont on serait le maître. Immense jouissance, que l'Algérien blasé n'apprécie pas peut-être autant que l'étranger novice, mais qu'il regretterait bien vivement sans doute si quelque main jalouse venait soudain la lui ravir.

Malheureusement, cette main, elle a déjà commencé son œuvre. Le chemin du Sacré-Cœur voit, par exemple, chaque jour, de fastidieuses murailles remplacer les vieux et beaux arbres qui le bordaient autrefois. A Mustapha-Supérieur, un mur du plus triste aspect sépare de la route le palais du Gouvernement.

Il n'est pas jusqu'aux solitudes les plus écartées que cette manie du moellon et du blocage ne gagne. Vous longiez hier soir une lisière d'arbousiers, de lauriers et d'aristoloches, vous cotoyez ce matin une redoute hérissée de tessons. Rien de plus agaçant que ces tessons de bouteille. Oh ! vous avez des droits superbes, monsieur le propriétaire. Nul, certes, ne les conteste. Libre à vous d'user, d'abuser ; c'est écrit. Mais la philanthropie n'impose-t-elle pas, en regard, certains devoirs ? S'il est prouvé que les haies peuvent aussi bien que les murs sauvegarder les héritages, pourquoi ces hideuses bâtisses ? Je ne sache pas, dans nos environs, de personne plus intéressée que M. Parnet, par exemple, à dépister la maraude. Tant de plantes, tant de fruits, tant de récoltes exposés ! Est-ce que le digne agronome songe à remplacer par des murs les luxuriantes haies qui closent ses jardins.

Et qu'on y songe bien, en critiquant les murs, ce n'est point seulement pour le public que je plaide, c'est aussi pour le maître même. Qu'est-ce qui l'a séduit dans ce domaine, et l'a conduit à l'acheter ? Certaines convenances d'abord ; mais ensuite et surtout son heureuse situation au milieu de fraîches campagnes. Qu'il s'embastille, l'égoïste, il n'en gardera pas moins, croit-il, sa part du chemin ombreux et riant, il n'en conservera pas moins aussi, à travers ses fenêtres, les beaux horizons. Mais si tous les voisins l'imitent (ils l'imiteront tôt ou tard, le bourgeois est si routinier !) quel abominable pays ! Et par contre aussi, peu à peu, quel avilissement de valeur pour chaque propriété !

On va faire, paraît-il, du chemin des aqueducs une promenade publique ayant, pour la commodité des carrosses, huit mètres au moins de largeur. Fort bien ; mais pour les obtenir, ces huit mètres de largeur, ne faudra-t-il pas abattre au moins la moitié des arbres qui bordent actuellement le chemin et en rectifier çà et là les détours les plus excentriques ? Les propriétés riveraines sentant leur valeur accrue se harderont de contreforts. L'administration, suivant les us et coutumes, plantera des deux côtés, et régulièrement espacés, des acacias ou des ormeaux, lesquels, suivant les mêmes us, ne tarderont pas à mourir.

Pourquoi tant de largeur ? Croyez-vous que jamais des centaines de calèches fréquentent à la fois cette route escarpée ? Sera-ce jamais un bois de Boulogne ?

Ensuite ne pourrait-on pas imposer aux clôtures un aspect moins rébarbatif, leur indiquer, par exemple, Saint-Eugène pour modèle ? Enfin, au lieu de manches à balai se courant l'un après l'autre comme des jalons d'arpenteur, pourquoi pas des arbres groupés par trois, par dix, à la manière anglaise ?

Autre observation. Les défrichements qui naguère se contentaient d'atteindre les bas fonds, les plaines, les plateaux, s'attaquent maintenant aux versants des collines, aux escarpements des montagnes. Mustapha-Supérieur, Couba, le Sahel tout entier, en leurs endroits les plus déclives, perdent insensiblement leurs bois, leurs broussailles, leur gazon. Je citerai notamment les alentours du grand et du petit séminaire, les coteaux du vallon de la Femme-Sauvage entre la carrière Mantaux et le carrefour du Ruisseau. Rien de plus laid comme coup d'œil, ces pièces d'ocre ou de brun rouge ; rien de plus préjudiciable non plus à l'alimentation des sources et à la salubrité du climat.

Ne devrait-on pas interdire le labourage des terrains dépassant un maximum donné de pente ? Les prairies, on le sait, et les forêts surtout absorbent bien plus volontiers, et conservent beaucoup plus longtemps que le sol glissant des cultures, leur provision de fraîcheur. Chaque racine est une éponge avare qui ne distille que lentement et goutte à goutte ses trésors de pluie et ses richesses de rosée. Bref, qu'on y prenne garde ; avec cette manie de défricher et de murer, Alger bientôt n'aura plus, au lieu d'une adorable campagne, qu'un tas de haïssables campagnes.

XIX

LA PRESSE

Notre presse algérienne est aussi vieille que la conquête. Elle en a même devancé le fait d'armes décisif. Dès le 25 juin 1830, dix jours avant la capitulation d'Alger, le formidable engin de Guttemberg débarquait à Sidi-Ferruch en compagnie des canons, mortiers, affûts, bombes et boulets destinés aux travaux du siége. Et le lendemain, 26 juin, les quatre ouvriers attachés à son service l'inauguraient sous une tente, en présence d'un grand nombre d'officiers de terre et de mer, de soldats et de marins accourus pour jouir du spectacle nouveau d'une imprimerie fonctionnant dans le pays des Bédouins. Elle fut baptisée du nom de l'*Africaine*, et des cris universels de vive la

France ! vive le roi ! la saluèrent lorsque, deux ou trois heures après, fut distribuée à tous les assistants la relation typographiée de notre débarquement et de nos premières victoires. C'est à M. Merle, homme de lettres, dramaturge et secrétaire du maréchal de Bourmont, que revient le mérite de cette installation primesautière.

On a mainte fois prétendu que ledit M. Merle avait en outre publié, sur la même presqu'île de Sidi-Ferruch, les premiers numéros d'un journal nommé l'*Estafette*. Nulle trace de cette feuille ne s'étant retrouvée depuis, il est à supposer qu'on aura confondu avec un journal homonyme qui s'éditait alors à Toulon et qui servit, dans les commencements, d'organe officiel aux faits et gestes de l'expédition.

Cependant l'occupation, que l'on croyait d'abord ne devoir durer que quelques mois, quelques semaines, se prolongeant au delà de toute prévision, et nos intérêts sur la côte prenant de jour en jour une extension plus grande, un moniteur sur place fut créé, le *Moniteur algérien*. Exclusivement administratif, il débuta, dans le courant de janvier 1832, par une ordonnance royale, détachant les pouvoirs civils de l'autorité militaire et nommant aux fonctions d'intendant civil *en Alger* le conseiller d'État, baron Pichon.

Le journal s'imprimait dans la rue Jénina. Ses dimensions fort minimes approchaient tout au plus de l'in-quarto moyen. Il paraissait irrégulièrement, suivant le temps, suivant les circonstances. Dans le principe, il n'admit, au dos de ses documents officiels, que des avis et des annonces. Six mois après, l'administration militaire ayant triomphé de son antagoniste civil, et tenant à prouver qu'elle comprenait mieux que personne les intérêts des colons, le *Moniteur algérien* inaugura, sous ses auspices, des articles de fond où la sécurité des routes, la santé des immigrants, leur bien-être et jusqu'à leurs plaisirs, étaient maternellement discutés. Un tableau météorologique fut, par les soins du génie, introduit dans le journal qui, mieux réglé, devint hebdomadaire, et mieux outillé (des caractères de Firmin Didot !) put imprimer, avec le luxe qu'elles méritaient, les premières annales de la colonie.

On voulut faire davantage. Malgré tout leur talent et tout leur dévouement, messieurs de la caserne et des bureaux ne pouvaient qu'imparfaitement fournir la copie destinée à rompre la monotonie des arrêtés, ordres du jour, bulletins, annonces légales, dont se composait trop exclusivement le pain quotidien du journal. Un secrétaire-rédacteur fut donné, le 6 novembre 1835, au *Moniteur algérien*. Ce rédacteur, homme d'esprit et d'initiative, M. Berbrugger, prit d'abord sa tâche au sérieux. Il prétendit animer, colorer la froide et pâle feuille dont on lui confiait la gérance. Mais il eut bientôt à lutter contre les prétentions, les exigences, les susceptibilités de ses mandants. Faisait-il bien, motus ; s'égarait-il, vite les réprimandes. En 1836, par exemple, M. Berbrugger, fatigué de la périphrase officielle « possessions françaises dans le nord de l'Afrique » qu'il lui fallait employer chaque fois qu'il avait à désigner la colonie, se rappela fort à propos avoir lu, dans je ne sais trop quel bouquin, le mot « Algérie ». Ce mot avait le triple avantage d'être court, harmonieux, et de bien rendre la pensée. Algérie dès lors remplaça dans tous ses articles les huit mots consacrés dont il s'était servi jusqu'alors faute de mieux. A peine cette énormité fut-elle connue à Paris, que toutes les chevelures des affaires d'Afrique se hérissèrent. On fulmina séance tenante un blâme furibond à l'endroit du malheureux néologiste qui, dégoûté, poussé à bout, résigna, dix-huit mois après les avoir acceptées, ses épineuses fonctions de secrétaire-rédacteur.

Le *Moniteur algérien* reprit, après, sa placide et morne existence. Le seul événement (bien pauvre événement !) le seul progrès (faut-il dire progrès ?) que nous ayons à porter, durant les années qui suivirent, à son misérable actif, c'est la modification matérielle de son titre. Il l'avait fait jusqu'alors précéder de quelques caractères arabes, traduction dudit titre, il faut croire. A partir de janvier 1838, la phrase arabe est remplacée par une façon de vignette représentant les tables de la charte croisées de drapeaux que surmonte une couronne royale.

Cependant, date mémorable, le 12 juillet 1839, apparaissait modestement, sous ce titre barbare « *Akhbar* », une feuille, ou plutôt un quart de feuille grand comme deux fois la main. Un humble prospectus signé de la seule initiale B (Bourget vraisemblablement) en faisait connaître l'esprit, le but et, détail essentiel, les conditions d'abonnement. L'unique prétention du rédacteur, ou mieux de l'entrepreneur, était de se poser comme intermédiaire entre le producteur et le consommateur, de placer en regard des besoins industriels et commerciaux les moyens de les satisfaire, et finalement de mettre en rapport l'ouvrier cherchant du travail et le colon en quête de bras. Toute insertion concernant les actes du gouvernement, les mouvements militaires et la politique en général était d'avance rigoureusement refusée. Prix, quinze francs par an. S'adresser à M. Vaison, rue Bab-el-Oued, 177, près de la rue Charles-Quint.

Akhbar, Akhbar, s'écria tout d'une voix le public, qu'est-ce que ça peut bien vouloir dire ? Et le nouveau journal de s'empresser de répondre, en tête de son second numéro : « Plusieurs de nos abonnés nous ayant demandé la signification du mot *Akhbar* que nous avons donné pour titre à notre feuille, nous croyons devoir informer les personnes étrangères à la langue arabe que ce mot, dans l'idiome d'Alger, signifie *annonces* ». On n'est pas plus affable.

Les dimensions du *Moniteur algérien* n'empêchèrent pas longtemps son frère puîné de dormir. Dès le 23 août suivant, moins de six semaines après sa création, l'*Akhbar* agrandissait une première fois son format. Puis, étendant peu à peu les limites de son programme, il se mettait à reproduire, non sans éloge toutefois, les avis officiels, les faits divers et jusqu'aux variétés du confrère administratif. L'autorité pouvait-elle se formaliser d'une contravention si flatteuse ?

On avance rapidement sur une route aussi commode. Le 4 octobre 1839, l'*Akhbar* a changé de sous-titre. Fi la vile *feuille d'annonces !* C'est maintenant (découvrez-vous) la *feuille de l'Algérie*. A la mission de tambouriner les arrivées et les départs, les immeubles à vendre, les chambres à louer, il s'est adjoint le devoir d'instruire et d'amuser le lecteur. Et, coup sur coup, des articles du crû sur la pêche du corail, la mythologie africaine, les représentations théâtrales et les événements politiques. C'est déjà presque un maître. Il ne copie plus le *Moniteur*, c'est le *Moniteur* qui le pille, et nous le voyons, le 21 juillet 1842, porter superbement en larges filets noirs le deuil du duc d'Orléans.

Chacune des années suivantes (contraste curieux !) le *Moniteur algérien* s'amoindrit, s'annihile, à mesure que l'*Akhbar* devient plus hardi, plus fort, plus indépendant. Tandis que le premier conserve obstinément son microscopique format, l'autre augmente le sien par deux, par trois, par quatre fois en moins de trois ou quatre années. Lui, dont personne n'a daigné fêter la naissance obscure, il honore la *Seybouse* (11 juillet 1844) le *Nador*, l'*Algérie*, le *Mobacher* (19 septembre 1847) en saluant leur bienvenue. Il paraît trois fois par semaine, non compris les suppléments. L'ancien secrétaire-rédacteur du *Moniteur algérien* lui prête assidument le concours de sa plume tour à tour savante, caustique et moralisatrice. Son horizon s'est élargi, la libre pensée s'y fait jour, et l'autorité inquiète de ce petit crieur d'annonces transformé par sa tolérance en grand journal politique, de cet œuf de moineau éclos faucon sous son aile, de cette hysope devenue peu à peu cèdre à son ombre, l'autorité sévit, infligea la censure à son enfant prodigue. La censure, impuissance ! Ce fut précisément pour l'*Akhbar* le signal d'une accélération de progrès auquel s'opposèrent en vain nombre de feuilles rivales, et dont les mieux partagées, *Courrier d'Afrique* (6 janvier 1844) et *France algérienne* (18 février 1845) atteignirent tout au plus deux ou trois années d'existence. Telle était à Alger la situation de la presse périodique lorsque la révolution de février éclata.

La république de 1848 fut pour notre presse algérienne, aussi bien que pour la presse française, une ère d'exaltation et de fièvre. L'*Akhbar* affranchi du bâillon publie, dès le 21 mars, une profession de foi marquée au coin du plus ardent prosélytisme. Il ne peut, et pour cause, se vanter de compter parmi les républicains de la veille, mais il déclare franchement faire partie de ceux du lendemain. Enlever l'administration de l'Algérie au ministre de la guerre, favoriser l'essor de la colonie, la livrer même aux essais de nos socialistes modernes, tel est son but. Ce déploiement empressé de libéralisme n'empêcha pas toutefois l'éclosion de feuilles qui, plus avancées encore, eurent bientôt entraîné dans leur orbe fascinateur tout ce que la colonie comptait alors de réformateurs radicaux et de démocrates outrés.

Une des plus connues d'entre elles, l'*Atlas*, fit son apparition le 26 août 1849. Format des grands journaux de France, périodicité semi quotidienne, existence assurée par les fonds d'une société en commandite, rédacteur gérant Hétrel. Les trois premiers numéros furent distribués gratuitement par centaines d'exemplaires, et la loi qui rendait obligatoire la signature des articles revêtit nombre d'entre eux d'une autorité que leur eût probablement refusée l'élucubration anonyme. MM. Rey, Bertholon, Warnier furent les principaux champions de l'*Atlas* pendant le cours de 1850, champions agressifs, convaincus, intrépides, et dont les critiques réitérées surent plus d'une fois arracher l'administration à ses habitudes invétérées de morgue, de routine et de somnolence. Un procès, une condamnation n'abattirent point l'*Atlas*. Il semblait même avoir puisé dans ses malheurs un redoublement de vitalité lorsque survint le coup d'Etat. Il protesta... c'était se suicider.

L'*Akhbar* plus habile applaudit. Aussi, le voyons-nous fournir, serein et radieux, une nouvelle carrière. En vain, l'*Algérie nouvelle*, créée le 5 décembre 1858, et rédigée par des écrivains de talent, tels que, MM. de

Fonvielle, Alexandre Lambert, Clément Duvernois, bafouait-elle le vieux, le podagre, l'impuissant rabâcheur de la rue Sainte, l'*Akhbar* marchait, marchait toujours. Il enterra son émule et, resté seul survivant entre tant de rivaux, seul debout parmi tant de ruines, officieux, officiel, censeur même à l'occasion, l'universalité du public à sa merci, il était, on peut bien le dire, au faite de sa fortune lorsque l'Empereur vint pour la première fois à Alger.

C'était en 1860. On ne connaissait que l'A*khb*ar, on ne jurait que par l'A*kh*bar. Le *Moniteur* existait-il encore ? Nul ne savait ; et d'ailleurs, quand on a le soleil, qu'importe le satellite ! M. Bourget, digne, majestueux, fraîchement décoré, semblait tenir moins du propriétaire gérant que du fonctionnaire public. Il m'effrayait, pour ma part, et jamais, certes, je n'eusse osé lui présenter l'humble prose dont je panachais, à mes moments perdus, un petit journal de province, s'il ne l'eût été lui-même dénicher et ne l'eût spontanément reproduite toute vive dans ses colonnes. Un mot du cœur, en passant, à cette feuille honnête, courtoise toujours, en dépit de ses fluctualitons proverbiales, et qui voulut bien tant de fois m'accorder une hospitalité fraternelle.

La création presque simultanée du *Moniteur de*

l'Algérie (3 septembre 1861) et du *Courrier de l'Algérie* (1ᵉʳ décembre 1861) changea tout à coup les destinées de l'*Akhbar*. Il fallut désormais au pauvre doyen compter non-seulement avec un organe officiel largement subventionné et vigoureusement soutenu, mais lutter encore d'influence avec un concurrent jeune, libéral, actif et vers lequel se tournaient, rédacteurs tous ceux qui osent, lecteurs tous ceux qui espèrent. La notoriété d'un titre contemporain des premiers vagissements de la presse africaine, l'agrandissement d'un format déjà très considérable, la plume exercée de rédacteurs émérites, rien ne put comprimer l'essor des nouveaux-nés dont l'un, moralement imposé à la bourse de tous les fonctionnaires, employés ou préposés de l'administration, se recommandait au public par la primeur des dépêches télégraphiques et des communications officielles, et dont l'autre signé tour à tour Andrieux, du Bouzet, Warnier, Thuillier, répondait si bien par ses critiques, ses vœux, ses tendances, aux constantes aspirations de la population coloniale.

Aujourd'hui, le *Moniteur* et le *Courrier de l'Algérie* en sont à leur huitième année d'existence, l'*Akbbar* à sa trentième, et la coexistence de ces trois journaux semble un fait assez définitivement accompli pour que chacun d'eux en doive prendre bravement et pour longtemps sans doute son parti. Quant au public, c'est tout profit pour lui. Avec un seul journal, les réclamations, les critiques arrivaient mieux à leur adresse, mais toutes ne pouvaient pas indistinctement se produire. Avec plusieurs journaux, nombre d'articles frappent dans le vide, peu de particuliers se condamnant à lire chaque matin des vingt et trente colonnes de texte, mais par contre aussi, toutes les idées, voire les extravagances, ont leur interprète assuré. Voulez-vous applaudir un acte du pouvoir, vous portez votre prose au *Moniteur*, à l'*Akhbar*; s'agit-il de blâmer, c'est au *Courrier*, c'est à l'*Akhbar* encore que vous vous adressez.

Si je m'étais imposé la tâche d'étudier intégralement les productions de notre presse algérienne, cet essai n'en formerait que le premier chapitre, ou même que l'avant-propos. Tant de volumes, de brochures parus depuis trente-huit ans ! Jamais peut-être pays n'a, proportion gardée, plus imprimé que le nôtre. J'ai seulement prétendu jeter un rapide coup d'œil sur les plus accrédités de nos journaux politiques. Autrement, que de noms à citer encore, que de bouquins à compulser ! D'abord, au premier rang, la plupart des ouvrages amoncelés dans la bibliothèque de la ville ;

ensuite, au nombre des publications périodiques, l'*Afrique*, l'*Algérie*, les *Deux Frances*, la *Sentinelle républicaine*, l'*Afrique française*, l'*Etoile d'Afrique*, l'*Echo de l'Atlas*, l'*Abeille de l'Atlas*, le *Précurseur*, le *Journal des colons*, la *Revue maçonnique*, la *Revue africaine*, la *Gazette médicale*, le *Bulletin de climatologie*, et, parmi les bouffons, le *Gouraya*, le *Derbouka*, le *Tirailleur*, (hourra pour le *Tirailleur !)* Don *Quichotte*, le *Chitann*, le *Moqueur*, *Pipe-en-bois*, le *Bavard*, le *Grelot*, etc.

Un même sentiment d'amour, quoique diversement exprimé, de la colonie, anima toutes ces feuilles sérieuses ou badines, critiques ou louangeuses. Parcourez-les plutôt. Ce sont, aux articles de fond, et revenant tour à tour, les inépuisables questions de l'assolement, des barrages, de la voirie, de l'hygiène, des impôts, du crédit, de l'assistance publique. Ce sont, aux feuilletons, aux variétés, aux faits divers, les comptes rendus du théâtre, des bals, des fêtes, des solennités, la chronique, en un mot, de la vie algérienne. Puis, brochant sur le tout, comme un refrain, comme une litanie, les écoliers diraient comme une scie, des appels chaleureux, bruyants, réitérés à l'attention, aux bras, aux capitaux (aux capitaux surtout) de la mère-patrie, de l'Europe, du monde entier.

Provenant de journaux qui la plupart se consomment sur place, et dont un petit nombre seulement passent la mer, ces appels m'ont toujours paru naïfs, pour ne pas dire plus. Aussi, dans le but d'apporter à l'œuvre commune ma part de travail et de devouement, ai-je bien des fois médité sur un projet dont on me permettra de toucher ici quelques mo s.

Presque toutes les villes d'eaux, d'hivernage et de bains de mer ont des journaux spéciaux pour vanter l'excellence de leurs sources, de leur climat ou de leur plage. Ces journaux, très soignés, illustrés même et tirés à un nombre fabuleux d'exemplaires, sont répandus, par tous les moyens dont la publicité dispose, dans les endroits recherchés des malades, des touristes ou tout simplement des curieux. Ils ne se vendent pas, ils se donnent. Mieux encore, ils s'imposent. Daignez accepter, vous dit on. Un peu plus, et l'on vous payerait. Je citerai, par exemple, Vichy dont le journal est adressé gratuitement et par avalanches à tous les cercles, casinos et salons de lecture des rendez-vous à la mode. Ce journal, exclusivement voué à la glorification des effets thérapeutiques, des bals, des concerts, des soirées, des promenades, des plaisirs, du fortuné séjour de Vichy, paraît tous les huit jours, in-folio, durant la saison thermale, tous les mois seulement et de format plus petit en hiver.

Les infirmeries aristocratiques du littoral français de la Méditerranée possèdent toutes aussi leur journal, ou plutôt leurs journaux, écrits moins en vue d'instruire et d'amuser la population indigène que d'attirer les étrangers frileux ou valétudinaires. Outre ses deux organes politiques, *Journal de Nice* et *Phare du littoral*, le chef-lieu du département des Alpes-Maritimes publie, sous les noms de *Journal des Etrangers*, *Echo de Nice*, *Indicateur de Nice*, trois feuilles particulièrement occupées des intérêts de l'hivernage. Adresses des hôtels, des magasins, des restaurants, description des rues, des monuments, des environs, chronique des concerts, des spectacles, des bals, mouvement des chemins de fer, des omnibus, des bateaux à vapeur, tout ce qui concerne les besoins ou les plaisirs de la population flottante s'y trouve minutieusement détaillé. Ce sont, à proprement parler, des guides, des *vade mecum*. Aux premiers jours d'avril, leurs clients envolés, ils se livrent aux douceurs de la sieste. Ce sommeil dure jusqu'au mois d'octobre. A quoi bon, en effet, une peine inutile ! Ainsi pour le *Journal de Monaco*, le *Journal d'Hyères*, la *Revue de Cannes*, l'*Echo du Var*.

On m'a quelquefois reproché de friser l'hyperbole quand je décris les splendeurs de notre station algérienne. Et les confrères méditerranéens, en voilà des apologistes ! Il semble, à les entendre, que la Bible se soit trompée ; ce n'est pas sur Gabon que Josué arrêta le soleil, c'est sur Cannes, sur Hyères, sur Menton, sur Nice, sur Monaco, chacun, comme bien on pense, tirant à soi la couverture. Que de fois, l'hiver dernier, lorsque l'*irremeabilis unda* des mauvais jours me tenait éloigné des rives du Sahel, n'ai-je pas, à la voix de ces appels chaleureux, failli quitter le coin du feu domestique pour des exils dont pourtant l'expérience m'a déjà plusieurs fois démontré l'infériorité relative !

Eh bien, je fonde, ici même, un journal à l'instar de ces publications vantardes. Je le nomme l'*Hiver à Alger*, titre qui m'appartient quasiment, et je m'en constitue le rédacteur en chef. Hebdomadaire ou bihebdomadaire depuis les premiers jours d'octobre jusque dans le courant d'avril, il se borne à paraître ensuite tous les mois. Histoire de rafraîchir de temps à autre la mémoire des clients dispersés à tous les coins du monde. Le corps du journal appartient à l'éloge d'Alger et de ses environs considérés comme lieux excellents, divins, incomparables d'hygiène et de plaisir. En tête de la première colonne se développe fièrement le tableau météorologique des stations traditionnelles de Naples, Palerme, Corfou, Nice, Pau, Hyères, Rome, Pise, Arcachon, Séville, etc., comparées à celle d'Alger, et cela non pas seulement en chiffres (les chiffres ont le don d'ébouriffer bien des gens), mais avec observations, déductions et commentaires destinés à frapper vivement l'esprit du lecteur. Où triompherions-nous plus légitimement ?

Vient ensuite la chronique, enflée comme il convient, des derniers divertissements : le bal du gouverneur, du maire, du préfet, avec suffocations stylées à propos des toilettes, des épaules, de l'éclairage, du buffet, des festons et des astragales ; les représentations du théâtre où sont immanquablement portés aux nues la pièce, les acteurs, l'orchestre, les décorations et jusqu'au moelleux des banquettes ; les séances musicales de la place du Gouvernement, les exploits cynégétiques de la société des chasseurs, les nouvelles exhibitions de tableaux, d'objets d'art ou de photographies aux étalages des boutiques, enfin les plus brillantes noubas, m'bitas, texiras, derdebas des vieux quartiers indigènes.

Feuilleton, variétés sont également consacrés, mais sur un mode plus lyrique, aux réclames de l'hivernage. Promenades pédestres, à cheval, en voiture, dans les vallons enchantés du Sahel, dans la Mitidja, dans l'Atlas, souvenir du bon vieux temps algérien, cures inespérées y sont relatés tour à tour. Une fois, le voyage au marché de Boufarik, aux eaux d'Hammam-Mélouane ; un autre jour, le récit des visites illustres et des fantasias légendaires. Ici, des scrofuleux sauvés par l'habitation continue, substituée aux séjours temporaires ; là, maint hypocondre guéri par l'usage des bains de mer. Les bains de mer en janvier ?... Bah ! Monaco vante bien les siens.

Et qu'on ne s'exagère pas la dépense. D'abord, nul besoin de rédacteurs. A quoi bon des articles nouveaux ? N'en trouvé-je pas de tout faits dans l'immense collection de notre presse algérienne ? Il me suffit, pour cela, de copier ces vieux journaux, ces vénérables bouquins dont les pages moisissent au fond de nos bibliothèques. Bien malin le colon qui s'en apercevra. Plus malin encore l'étranger. MM. Cherbonneau, Berbrugger, Marie Lefèvre, Ausone de Chancel, Désiré Léglise, Berthet, Bodichon, Bertherand, j'en passe et des meilleurs, me servent à tour de rôle et gratuitement de collaborateurs.

Aux avis maintenant. Je soigne avec un rare amour tous les renseignements qui peuvent intéresser les malades et les touristes : programme des spectacles, de la musique militaire, des cérémonies indigènes, chasses, revues, messes militaires, solennités religieuses, excursions botaniques de M. Durando, cours publics de dessin, d'arabe, de littérature, horaire, itinéraire et tarif des omnibus, des chemins de fer, des bateaux à vapeur, jours d'ouverture des musées, des expositions, des jardins publics, des bibliothèques, etc.

Je tire à deux mille, trois mille, dix mille exemplaires et je les expédie par masses à tous les cercles, casinos, salons de jeu, cabinets de lecture, grands hôtels et grands restaurants de toutes les villes d'Europe où la mode réunit le plus de frileux, de touristes, de désœuvrés ou de malades. Fort bien, objecterez-vous, si la rédaction ne vous coûte rien, au moins vous faudra-t-il payer le papier, l'impression, l'affranchissement et le personnel voulus pour une pareille entreprise. Soit ; mais n'ai-je pas toute ouverte la bourse de mes commettants, ces maîtres d'hôtel, propriétaires, locataires, logeurs, restaurateurs, libraires, photographes, marchands et industriels de toute sorte qui vivent du public flottant et que mon projet intéresse ? Chacun d'eux (ils sont plus de mille) verse tant par mois (peu de chose) et reçoit en échange, outre un abonnement au journal, le droit d'insérer à moitié prix, dans les colonnes de la fin, ses réclames et ses annonces.

Voilà ce que je méditais, et puis des scrupules m'ont arrêté. Qui peut prévoir, me suis-je dit, le résultat de ces fanfares et de ces coups de grosse caisse? On ne venait que par douzaines, on va s'abattre par milliers. Les logements n'y pourront plus suffire. La plupart de mes recrues devront coucher en plein air ou payer des prix fous un gîte dérisoire. Impossible de conserver, à ce propos, aucune illusion ; les *mercantis* vont tomber, comme en 1860, lors du premier voyage impérial, à bras raccourcis sur les hiverneurs. Paris, Dieppe, Bade, Hombourg sembleront, auprès d'Alger, des séjours économiques, et tout ce grand effort n'aura, en définitive, abouti qu'à frapper d'un nouveau discrédit notre pauvre station du Tell. Chaque visiteur, en effet, trompé, rançonné, dévalisé, prendra la fuite au plus vite, et, de retour chez lui, se dressera contre nous. On écoute moins volontiers un journal de réclame qu'un témoin oculaire, et les hivers suivants, au lieu de l'affluence espérée, au lieu même du contingent ordinaire, nous n'aurons plus âme qui vive.

Donc, ajourné le projet, ajourné jusqu'à l'époque où s'élèvera par exemple, à Mustapha, Saint-Eugène ou Kouba, un vaste caravansérail pouvant loger proprement, voire luxueusement, avec salle de bal, de concert, de spectacle, bibliothèque, gymnase et jardin d'agrément, mille à deux mille étrangers, comme l'hôtel Baur de Zurich, le casino Byron près de Genève, Frascati sur la plage du Havre. Car de doter Alger même d'un pareil établissement, l'exiguïté de notre territoire urbain, les servitudes de notre enceinte, la mauvaise orientation de nos façades, les difficultés de notre voirie, la pauvreté de nos ombrages, la rareté et la vileté de nos bancs, l'absence enfin de tout ce confort auquel sont habitués les touristes, empêcheront à jamais d'y songer. On ne se hasardera dans nos murs que par curiosité pour les rues indigènes (s'il en reste encore) et par besoin des approvisionnements et des services publics. Alger ne sera plus que le quartier administratif et le marché banal de la ville nouvelle, sort modeste, mais sort bien enviable encore au gré de nos industriels que désole si souvent la stagnation des affaires. Vienne donc bientôt l'heure où l'*Hiver à Alger* pourra s'ajouter à la longue liste de nos journaux africains. Et quel honneur aussi pour le pauvret ! Car, il faut être juste, la colonisation, son œuvre en voie de réussite, n'aura pas moins à remercier la presse que l'épée et la charrue de leur concours. *Ense, aratro et calamo*, telle devrait être déjà la devise de l'Algérie.

XX

LES BEAUX-ARTS

Nous pouvons encore aujourd'hui nous rendre exactement compte de ce qu'étaient jadis les beaux-arts chez les Maures. Ce peuple a, pour la routine, une attache si profonde, il est tellement réfractaire à tout progrès, à toute innovation, que l'on serait vraiment en droit de contester sa perfectibilité, n'étaient les exemples récents de jeunes islamites qui, façonnés dans nos écoles, ont parfaitement rallié notre civilisation et nos mœurs. Du temps des deys, comme aux jours où nous sommes, le bendaïr, le derbouka, le tar, d'insipides cantatelles, défrayaient la musique arabe. Des vaisseaux à trois ponts sèchement dessinés, des paysages dénués de toute vérité, de toute perspeclive, des meubles enluminés à la manière chinoise, représentaient la peinture indigène. Plus nulle encore était l'architecture mograbine; car on s'abuserait grandement si l'on faisait honneur aux Maures des mosquées, des palais, des villas qui causèrent tant de surprise aux vainqueurs de Staouëli, et qui maintenant excitent, de préférence à nos importations gréco-romaines, ou soi-disant telles, l'admiration des gens de goût. Chacun sait en effet que les Maures n'avaient généralement pour architectes que des Italiens, et que c'est aussi d'Italie qu'ils tiraient ces colonnes torses, ces rosaces, ces chapiteaux dont la profusion nous étonne et dont l'élégance nous charme. Si d'aventure, parmi eux, se mêle un constructeur indigène (Osta Moussa qui bâtit la caserne Lemercier, El Bennaï, père de l'imam actuel de notre collège arabe), son rôle se borne à copier. La plupart des maisons mauresques se ressemblent. Or, artiste et copiste font deux. Le seul type architectural que les Bédouins puissent légitimement revendiquer comme leur, c'est le gourbi. Donc, absence ou du moins enfance des beaux-arts sous le chasse-mouche ottoman. Etudions maintenant leur histoire depuis l'intervention française, et voyons comment les traite aujourd'hui notre bonne, mais bien hottentote encore, ville d'Alger.

La presse, avons-nous dit, prit terre à Sidi-Ferruch en même temps que les canons. Plus hâtifs encore, les beaux-arts y débarquèrent dix jours auparavant, le 14 juin 1830, avec nos premières colonnes, sous les traits du peintre Gudin. Gudin, fort jeune à cette époque, et déjà médaillé, décoré, célèbre, portait, comme nos fantassins, le sac et le fusil de munition. Mais dans le sac étaient un album, des couleurs, et quand le fusil faisait trêve, les crayons, les pinceaux, à leur tour, de manœuvrer, de conquérir. Cette campagne ne devait pas moins profiter à l'artiste qu'au soldat. L'un, victorieux, entra solennellement dans Alger enfin soumise après trois siècles de piraterie ; l'autre, avec ses tableaux parmi lesquels ont distingué surtout le *Coup de vent dans la rade d'Alger* et l'*Explosion du fort l'Empereur*, obtint, aux expositions qui suivirent, ses plus glorieux succès.

Après une existence active et laborieuse, après avoir parcouru nombre de pays et produit nombre de chefs-d'œuvre, Gudin voulut revoir l'Algérie. Il accompagnait l'empereur à son dernier voyage, et ce n'est pas, a-t-il raconté, sans une vive émotion qu'il reconnut à Sidi-Ferruch, dans la propriété de M. Martin, le palmier qui le premier, en 1830, avait attiré ses regards et figuré sur son album. Que de souvenirs en effet dut lui rappeler ce roi de notre flore africaine ! Et, singulière fantaisie, mais dont chacun appréciera le sentiment tendre et charmant, celui qui, de main de maitre, avait, dans son atelier, peint par centaines des palmiers plus beaux que Dieu peut-être n'en créa jamais, voulut, se refaisant écolier, dessiner humblement, au crayon et d'après nature, le bon vieux *camarade* de Sidi-Ferruch. Des deux épreuves la seconde est plus habile assurément, mais a-t elle ce cachet de naïveté, de vigueur et de grâce réunies que la jeunesse seule imprime à ses ouvrages ?

Les itinéraires de Chateaubriand, les poésies de Lamartine, les paysages de Decamps et de Marilhat avaient, dès la première année du règne de Louis XVIII, mis l'Orient à la mode. C'était à qui peindrait des marabouts, chanterait des houris, décrirait des scènes arabes. Par malheur, les adeptes du genre nouveau ne connaissaient, la plupart, que de réputation, le « resplendissant berceau de l'Aurore ». Avant l'institution des chemins de fer et l'invention des bateaux à vapeur, il en coûtait gros de temps, de fatigue et d'argent pour visiter la Turquie, l'Egypte ou la Palestine. N'importe, on travaillait d'idée. Aussi, que de bévues ! Témoin les turbans fantastiques, les dattiers impossibles et les chameaux abracadabrants qui déparent certains tableaux, du reste fort bien faits, des premiers temps de la Restauration. L'ouverture de l'Algérie mit fin à cette mascarade. On put, à prix discrets et sans s'exténuer, aller puiser aux sources mêmes. Donc, en avant ! Ce fut comme une émigration, et longue serait aujourd'hui la liste des savants, des écrivains, des artistes que notre chef-lieu colonial a, depuis trente-huit ans, reçus comme visiteurs ou comme hôtes.

Si les incessants voyages d'Horace Vernet et les sujets multiples de son œuvre n'en avaient fait pour ainsi dire un peintre cosmopolite, nous pourrions quasiment le revendiquer comme nôtre. Il avait déjà longuement pérégriné en Italie lorsque le roi Louis-Philippe le chargea d'historier, au musée de Versailles, la galerie de Constantine. C'était implicitement lui enjoindre de visiter l'Algérie. Horace n'y manqua point, et telle fut sur lui l'impression de ce pays, qu'il y trouva, malgré ses cinquante ans sonnés, une seconde et plus productive jeunesse. On ne saurait compter le nombre des séjours qu'il fit à la villa du général Yusuf, ou plutôt, ses retours dans la mère-patrie ne furent longtemps, pour la colonie, que des absences de courte durée. C'est donc à Mustapha, dans cette maison blanche, à l'ombre du palmier dont nous voyons s'épanouir, en contre-bas de la route, l'aigrette majestueuse, qu'il conçut, esquissa, s'il ne les exécuta tout entiers, ses tableaux les plus remarquables : l'*Occupation du Teniah de Mouzaïa*, la *Prise de Bougie*, l'*Assaut de Constantine*, la *Smala*, la *Bataille d'Isly*. C'est dans nos douars, parmi nos oasis, en vue du Sahara même qu'il puisa les inspirations auxquelles on doit la plupart des scènes orientales et des compositions bibliques de son œuvre : *Abraham renvoyant Agar*, *Rébecca donnant à boire à Eliézer*, la *Chasse aux lions*, la *Messe au camp*. Mais hélas ! de toutes ces toiles, pas une seule, que je sache, n'est demeurée en Algérie. Le peintre disparu, disparue la peinture, et l'on chercherait vainement à Boufarik la pochade dont il paya la note d'un hôtelier, comme à Alger le croquis dont il récompensa la courtoisie d'un compagnon de chasse.

L'émule de Gudin, Morel Fatio, ne pouvait échapper à l'attraction commune. Alger, c'était pour lui plus que l'Orient si vanté, c'était la mer, la mer sauvage et douce tour à tour sous les puissants reflets du soleil africain. Morel-Fatio vint pour la première fois à Alger en 1834, et l'on vit paraître de lui, coup sur coup, aux expositions du Louvre, la *Rue Bab-Azoun*, l'*Attaque d'Alger*, la *Plage d'Afrique*. Notre bibliothèque renferme un assez grand tableau de ce maître.

C'est le principal épisode de la terrible tempête qui ravagea le port d'Alger les 11 et 12 février 1836, et qui coûta, sans compter les navires brisés et les marchandises perdues, la vie à quinze personnes, y compris ce brave de Livois, dont on voit encore aujourd'hui, tout près de la Santé, le monument commémoratif.

Peu de mois après cet accident, Théodore Frère, élève de Jules Coignet et de Camille Roqueplan, débarquait en Algérie, assistait à la prise de Constantine et parcourait les tribus limitrophes du désert. La plupart de ses tableaux sont exécutés d'après les souvenirs et les croquis rapportés de ce long voyage. Citons, pour Alger seulement, le *Faubourg Bab-Azoun*, la *Fontaine Bab-el-Oued*, le *Marché de l'Arba*, *Halte d'Arabes*, et nombre de scènes mauresques.

Eugène Fromentin, élève de Cabat, et maintenant lui-même un maître, doit, comme Frère, à l'Algérie, ses principaux succès. Il habita tour à tour Alger, Mustapha, Blida, visita l'intérieur et passa notamment tout un été dans le Sahara. Son œuvre, immense déjà, semble vouée tout entière à la peinture des sujets arabes. L'exposition au Louvre de smalas, douars, mosquées, tentes, gourbis et palmiers signala le retour de Fromentin en France, et depuis lors, malgré l'éloignement de ses modèles favoris, malgré l'effacement de souvenirs déjà vieux, c'est toujours l'Algérie que le peintre préfère aux contrées plus fameuses qu'il a visitées, et toujours l'Algérie la bien-aimée, l'adorée, qu'il représente en ses tableaux. Puis-je passer sous silence, vu leur qualité de livres, ces deux charmants tomes in-douze, *Un été dans le Sahara*, *Une année dans le Sahel*, que nous avons tous lus, que nous relirons tous ? Ne sont-ce pas plutôt des peintures ? Où l'auteur étala-t-il plus de laque et de cadmium, plus de cobalt et d'ocre d'or ?

Pour être venu des derniers, Guillaumet, tout jeune encore, n'en est pas moins un des premiers de nos peintres africains. L'Algérie l'a déjà mainte fois vu, non pas séjourner paresseusement dans nos villes, mais courir, la palette en main, au prix de mille fatigues, par les gorges de l'Atlas et les tribus des oasis. Agé de vingt-sept ans à peine, il est déjà représenté, soit au musée du Luxembourg, soit dans nos palais impériaux, par plusieurs toiles magistrales. Guillaumet, cet hiver encore, explorait nos cantons de l'ouest, aux environs de Lella Mar'nia. Nous attendions avec impatience le jour qui, suivant sa promesse, le ramènerait chargé de butin. Tant de croquis à voir, pour Alger quelle aubaine ! Malheureusement, un accident arrivé, paraît-il, à l'un de ses tableaux envoyés par avance au salon des Champs-Elysées, l'a forcé de retourner directement à Paris.

Le Paul de Kock, l'Henri Monnier de la peinture, Auguste Biard, a fait le voyage d'Alger ; mais cet artiste qui depuis 1827 n'a cessé d'arpenter le globe, et dont l'œuvre comprend des sites de tous les mondes depuis les savanes brûlées du Mississipi jusqu'aux monts glacés du Spitzberg, ne consacra que peu de jours à l'étude de vos rivages. Autrement, quelles charges grotesques ne lui eussent pas fourni nos nègres, nos biskris, nos étrangers, nos colons mêmes. Quels curieux pendants aux *Honneurs partagés*, au *Mal de mer*, au *Baptême sous la ligne* ! Notre pays ne semble avoir fourni à Biard d'autre sujet que le *Bombardement d'Alger par Duquesne*, tableau de grande dimension et qui figure actuellement au musée du Luxembourg.

Grolig, dont les marines et les paysages ne manquent pas de valeur malgré je ne sais quoi de commun dans le style et de bourgeois dans le coloris, a fait, à Alger, de fréquents voyages, et ses toiles qui, du moins, y sont restées en grand nombre, lui ont valu chez nos colons une réputation supérieure à celle de tant de bons peintres dont on ignore ici jusqu'à l'existence. Nos compatriotes MM. Gauran, Bastide, Simounet ont leurs salons ornés de tableaux de Grolig. Si les immenses pages qu'Horace Vernet a consacrées à l'Algérie ne portent, au bas, que son nom, plus d'un témoin peut affirmer que Grolig cependant leur a parfois prêté le secours de sa brosse.

Un des tableaux qui, l'an dernier, au Champ de Mars, obtinrent le plus de succès, c'est sans contredit la *Fantasia* de Pils, cette homérique fantasia dont aucun Algérien ne perdra, sa vie durant, le souvenir. Notre belle lumière africaine, le vaste panorama de la Maison-Carrée, le fourmillement pittoresque des goums faisant parler la poudre, des caravanes déployant leurs longues files de chameaux, des Bédouins se précipitant aux pieds de l'empereur et de l'impératrice, tout y est peint de main de maître. L'historien toutefois peut à bon droit s'affliger de ne pas voir un seul colon parmi ces hordes sauvages. Si Pils n'assistait pas à la fête que son tableau représente avec tant d'éclat, au moins, dans un voyage fait exprès depuis, en a-t-il recueilli les détails de la bouche même du général Martimprey, esquissé les figures d'après nature et peint la scène sur place.

L'illustrateur officiel de nos expéditions maritimes contre Tanger, Mogador, Madagascar, Sébastopol,

Durand-Brager accompagnait Napoléon III à son dernier voyage en Afrique. Il suivit l'empereur dans toutes ses excursions et en ébaucha, d'un pinceau rapide, les épisodes principaux. Ces ébauches, à peine sèches, étaient expédiées à l'impératrice qui put suivre ainsi des yeux et jour à jour les pas de son auguste époux.

Mme Barbara-Bodichon, MM. Lazerges, Lauret, Girardin, nous ont quittés depuis si peu de temps que, malgré leur défection, ils semblent encore pour nous des compatriotes. Qui ne se rappelle les gracieux panneaux dont les frères Lauret ornèrent tant de fois les vitrines de Philippe et de Toulet ; les *Aïssaouas* de Lazerges exposés, avant leur départ pour Paris, dans la cour de l'archevêché ? Qui peut oublier, après les avoir vues une fois, les aquarelles si caractéristiques de notre chère voisine envolée de la colonne Voirol ?

S'il vous est donné quelque jour de visiter les ateliers ou de feuilleter les cartons de Wyld, Ziem, Tesson, Estienne, Wassili, Roubeaud, Saint-François, Flacheron, Aze, Delangle, Couverchel, Piot, Durand, de Molins, Dallemagne, Lauwick, Chauveau, Bertrand, Lhullier, Delamain, Vacherot, Boulanger, Giraud, Egg, Elmore, Bridell, Hixon, vous y constaterez de nombreux témoignages du passage parmi nous de ces estimables artistes, et des heureuses impressions qu'exercèrent sur eux nos rues, nos environs, nos indigènes, notre ciel. Ah ! si nous avions pu seulement les retenir, les fixer, quelle académie ce serait aujourd'hui que cet Alger déshérité, quelle Rome, quelle Athènes !

Après avoir loué ceux qui passent, les visiteurs, les transfuges, les renégats, il serait souverainement injuste d'oublier ceux qui demeurent, les fidèles, les amis, les Algériens du moment. M. Bransoulié ne se montre à nous que dans le modeste rôle d'un professeur de dessin bornant son ambition à faire distinguer une oreille d'un œil aux deux ou trois cents marmots de l'école préparatoire ; mais pour ceux qui l'ont vu à l'œuvre, M. Bransoulié est un véritable artiste. Et véritable aussi, et des meilleurs et des plus dignes, cet excellent M. Liogier aux soins duquel est confiée notre jeunesse universitaire. Le feu sacré, qui parfois meurt dans les cœurs même les plus chauds lorsqu'ils se tiennent trop longtemps hors du centre d'où tout rayonne, sciences, industrie, lettres, beaux arts, est resté chez lui aussi vif, aussi ardent qu'à l'époque éloignée déjà (1845) où il vint habiter Alger et s'y vouer au professorat. L'habileté de son exécution n'est un secret pour personne. Sa propagande intelligente en faveur de la société des artistes, dont il est parmi nous le membre délégué, lui a valu mainte fois les félicitations motivées de son président, le baron Taylor. Tous les peintres qui nous visitent sont sûrs de trouver en lui plus qu'un conseiller, un ami. Ceux que je nommais tout à l'heure ont été pour la plupart ses obligés, presque ses hôtes. Maintenant, de l'avis même de ses élèves les plus idolents, il fait aimer le dessin, et nul doute qu'en un milieu moins sauvage, moins réfractaire, il n'eût vu nombre d'entre eux, leurs études achevées, se livrer, sinon exclusivement, du moins leurs jours de loisir, à la culture des beaux-arts.

Une petite exhibition de tableaux a naguère jeté dans le domaine de la publicité quelques noms d'amateurs algériens. Nous avons vu, rangés dans les galeries de l'ancien musée Bab-Azoun, des peintures, aquarelles ou dessins de Mme la duchesse de Magenta, de M. Marquette, de Mmes Sarlande, Gauran et Courvoisier, qui ne manquaient certes pas de mérite. Enfin, sur les hauteurs de Mustapha-Pacha, au milieu des jardins dont la beauté surpasse tout ce que j'ai chanté jusqu'ici de nos merveilleuses campagnes, vit retiré, après d'honorables services, un amateur dont la collection ferait pâlir plus d'un musée public. Rassembler des tableaux, c'est presque les créer, dans un pays comme le nôtre. Or, ce ne sont pas seulement des Chardin, des Latour, des Moya, des Goya, que M. Laperlier offre à la vue des visiteurs assez heureux pour être admis dans son athénée champêtre, ce sont des Prudhon, des Ribeira, des Zurbaran, des Greuze ; et puis des statues, des sculptures, des reliquaires, des missels, mille choses enfin, riches, curieuses, charmantes, que l'on s'étonne de trouver à deux pas d'une ville si pauvre en objets de valeur.

Les sculpteurs qui se sont aventurés en Algérie sont beaucoup moins nombreux que les peintres, mais ils y ont laissé de plus durables traces. C'est après un premier séjour parmi nous que le baron Marochetti a composé la statue qui décore aujourd'hui la place du Gouvernement et qui s'est trop bien acquittée du soin de nous raconter elle-même ses mémoires pour que j'y veuille rien ajouter.

C'est à Fulconis, ancien Algérien, que nous devons le joli buste du duc d'Aumale qui, moulé par M. Latour, s'est jadis vendu dans Alger par centaines d'exemplaires. On raconte que Fulconis, voulant faire au duc la surprise de son effigie, la modela tout entière d'après nature, et à l'insu du modèle, pendant que ce dernier assistait à une représentation du théâtre.

Dantan est venu en 1844 à Alger pour sculpter la tête du maréchal Bugeaud. Une chambre avait été mise à sa disposition dans l'hôtel même du gouverneur. L'artiste, son ébauche achevée, se méfia, dit-on, de son propre jugement. Un père si souvent s'abuse ! Il craignait la complaisance, la flatterie, des personnes qui d'ordinaire entouraient le maréchal. Comment faire ? Un jour que des chefs arabes venaient d'arriver au palais, il les attira dans son atelier et, sans autre préparation, leva devant eux le voile qui couvrait son chevalet. « Oh ! mon Dieu, voilà Sidna le maréchal », s'écrièrent tout de suite et tout d'une voix agas, bachagas, khalifas. La tradition ajoute que ces messieurs, à la grande hilarité des assistants, se crurent obligés d'offrir au sculpteur, pour lui témoigner leur satisfaction, une forte somme d'argent. Ce sont là coutumes bédouines.

La statue du maréchal Bugeaud, que nous voyons aujourd'hui sur la place d'Isly, n'a rien de commun avec le buste de Dantan. Elle est l'œuvre de Dumont, l'auteur de ce *Génie de la Liberté* dont les ailes d'or se déploient au sommet de la colonne de juillet. Elle fut inaugurée le 15 août 1852, en présence du général Randon, avec renfort, comme il convient, de discours administratifs et cérémonies religieuses. Après quoi les troupes défilèrent devant le héros de bronze sur l'air si populaire en Algérie : *As-tu vu la casquette au père Bugeaud?* Chacun sait que, depuis ce jour, nos musiques de régiment ne passent plus sur la place d'Isly sans entonner le même air.

Cordier, l'un des meilleurs élèves de Rude, habitait alors Alger. Il y modela sa *Vénus africaine* et les douze bustes d'Algériens qui figuraient à l'exposition universelle de 1855. Le gouvernement l'avait chargé d'exécuter la *France colossale* dont on parlait, en ce temps-là, de décorer l'esplanade de la Casbah. Il en fit le projet qui fut expédié à Paris ; mais soit manque de fonds, soit pour toute autre cause, l'affaire en est restée là.

Je ne ferai qu'effleurer le chapitre des architectes. Ils ont, à mes yeux, l'impardonnable tort d'avoir substitué au style gracieux qu'El-Djezaïr tenait vraisemblablement de l'Espagne et de l'Italie, le genre commun et bourgeois de nos habitations françaises. Avec un peu plus d'argent, ils nous haussmanisaient depuis le môle jusqu'à la Casbah. Je citerai néanmoins, parmi les façades bâtardes et les toits agaçants de nos quartiers modernisés, maints édifices qui ne dépareraient pas les plus somptueuses rues des capitales d'Europe : le théâtre, la banque, Notre-Dame d'Afrique, auxquels sont attachés les noms de MM. Chasseriau, Robinot-Bertrand, Fromageau, ce dernier, successeur de l'infortuné Féraud, frappé de cécité dans l'exercice de ses fonctions.

Sur quel air nos braves soldats ont-ils, le 14 juin 1830, abordé la presqu'île de Sidi-Ferruch ? La *Marseillaise* était proscrite, *Partant pour la Syrie* méditait dans l'exil. Recherche curieuse à faire. Quelque banal refrain, sans doute : *Vive Henri IV*, *Malbrouck*, la *Boulangère*. N'importe, la musique française prenait, et sans grand'peine, ce jour-là, le pas sur la musique arabe. Uniquement représentée d'abord par nos fantassins virtuoses, elle se renforça peu à peu d'artistes distingués et de professeurs émérites. Roger, de l'Académie impériale de musique, Mmes Cabel et Werlimber se sont fait entendre sur notre scène. MM. Rey (dit Reyer), Lucé, Salvador Daniel, Mlle Marie Barroil, parmi les compositeurs, ont doté l'Algérie d'une petite école moitié française et moitié tombouctoune.

Nous voici déjà loin, comme on le voit, du gourbi, du bendaïr et de l'enluminure mauresque. Mais que nous sommes loin aussi du niveau artistique auquel sont parvenues, en France, tant de villes plus petites et moins favorisées que la nôtre par la beauté du paysage, l'originalité des types et l'affluence des visiteurs !

Cherbourg, Melun, Carpentras ont des ateliers de peinture, des sociétés philharmoniques, des écoles de chant, des musées. Notre métropole africaine, le chef-lieu de la plus grande colonie de France, ne connait ces choses-là que de nom. L'on ne peut en effet considérer comme tenant lieu de musée les trois ou quatre effigies qui décorent nos carrefours, ce Morel-Fatio, très-estimable assurément, mais que personne ne peut voir, ce Ronot plus que médiocre, et d'ailleurs aussi disparu, ce Couverchel enfin dont, un jour de goguette, l'Etat nous gratifia, curieux, je suppose, d'expérimenter comment une ville qui ne peut pas même abriter convenablement ses tribunaux, ses malades, s'y prendrait pour loger une si grande machine. Les marbres mutilés de la bibliothèque, torses sans jambes, bras sans corps, les quatre toiles ignares de l'Exposition des voûtes, avec leurs prix insensés marqués effrontément dessous, les photographies des arcades, fort belles assurément, mais fabrications matérielles plutôt que créations artistiques, les charges du *Hanneton* que nos libraires étalent, les assiettes où l'on nous sert, avec la poire et le fromage, le *Siége de Sébastopol* et la *Prise de Puébla*, les boîtes d'allumettes enfin doublées de nudités ou de caricatures, ce ne sont pas là non plus les éléments d'un musée.

Fait notable, et sur lequel M. Liogier appelait naguère mon attention, c'est que parmi ses élèves, doués pour la plupart d'excellentes dispositions, très peu (un sur mille) persistent, une fois leurs classes finies, à s'occuper de dessin. On ne voit point, ici comme partout en Europe, les jeunes gens aimer consacrer leurs loisirs à ces petits travaux de crayon, de fusin, d'aquarelle ou de modelage qui, tout en affinant le goût, rendent si douce la fuite des heures. Encore moins en rencontre-t-on auxquels vienne l'idée d'étudier la peinture à l'huile et de s'en faire soit un passe-temps, soit un moyen d'existence. Et quoi de plus rationnel ? Rien ne procède de rien. Pour aimer les tableaux, pour en vouloir produire, il faut en avoir vu. La nature jamais ne créa seule des artistes. Que nos purs types berbères, que nos splendides horizons inspirent le sentiment du beau, soit ; mais qu'ils forment des praticiens, jamais ! C'est dans les musées, dans les collections, et là seulement, devant les chefs-d'œuvre de l'art, que peut naître l'amour de l'art. Sans musée, pas de peintres, pas de statuaires, et voilà, suivant moi, la seule explication plausible de l'éloignement du créole pour la culture du crayon, du pinceau ou de l'ébauchoir.

Un autre fait non moins notable, et dont chacun a

pu s'apercevoir en parcourant la longue liste des artistes qui nous ont honorés de leur visite, c'est qu'à part douze ou quinze d'entre eux, que leurs intérêts, leurs affaires, leurs affections, leur santé peut-être plus que tout autre motif, retiorent parmi nous, les autres n'ont fait que passer. Leurs études finies, leurs croquis emballés, bonsoir, adieu, serviteur! Et bien vite de retourner à Paris, à Londres, à Bruxelles pour exécuter des tableaux imaginés sous notre ciel. Quoi de plus rationnel encore? Trouvent-ils ici ce milieu sympathique, corroborant, hors duquel tout courage tombe et toute inspiration s'évanouit? Si jamais travail eut besoin de conseils et de suffrages, c'est bien celui de l'artiste. Or, à qui montrer ici, sauf aux rares exceptions que je signalais tout à l'heure, ses sculptures ou ses tableaux? A qui les vendre surtout? Deux mille francs, trois mille francs, lorsque, pour égale somme, on peut avoir un cheval, une voiture et le reste! Défectuosité du milieu ou, pour remonter à la source, absence de musée, tel est donc encore le motif qui repousse de nous ces beaux-arts hors desquels les mœurs restent rudes et les civilisations incomplètes.

Conclusion : il nous faut un musée. Que si les fonds manquent encore pour en élever l'édifice, que l'on affecte à cet usage un salon de la mairie, une voûte du boulevard, une aile du nouveau lycée. Que là soient provisoirement réunis nos objets d'art semés par tous les coins obscurs de la bibliothèque : le buste de Louis-Philippe qui, jadis, décorait le jardin Marengo, les quatre-vingts vases distraits de la collection Campana et réservés jusqu'à ce jour à l'exclusive admiration des souris et des rats, la *Tempête à Alger* de Morel-Fatio, le *Bonaparte au Caire* de Ronot, le *Mahi-ed-Din* de Ginain (une croûte, mais bah ! nous sommes trop pauvres encore pour avoir le droit d'être fiers), certaine *Vue de Venise* que l'on dit nous être arrivée, mais que personne n'a vue, enfin, dût-on le couper en quatre, et ce serait peut-être justice, le grand Couverchel qui tapisse en ce moment le foyer du Théâtre. Qu'un appel sérieux et pressant soit fait à la direction des beaux-arts et même à l'empereur en personne, pour que désormais on comprenne Alger dans les distributions de tableaux et de statues qui se font tous les ans aux principales communes, et que surtout les toiles dont on voudra bien nous doter soient toutes de bonne facture et de dimensions en rapport avec l'exiguïté de nos murs. Qu'un budget spécial soit affecté à la nouvelle institution afin qu'elle puisse encourager les artistes et faire successivement l'acquisition de ces plâtres (bustes, torses, académies) qui, délégation précieuse du génie antique et modèles éternels de l'idéale beauté, sont la base obligée de tout musée qui se respecte. Enfin, qu'une exposition permanente d'œuvres appartenant à des particuliers complète celle de la ville, et que chacun soit invité à y placer temporairement les tableaux, statues, objets d'art qui, tout en servant ses intérêts ou son amour-propre, seraient, par leur beauté, leur rareté, leur étrangeté même, de nature à instruire ou amuser le public.

Un progrès en appelle un autre. Quand la musique verra la peinture pourvue d'un musée, elle réclamera pour sa part, une salle de concerts, et cette salle obtenue, nos virtuoses éparpillés aujourd'hui, sans lien, sans émulation, se rassembleront, s'encourageront et bientôt s'organiseront en société philharmonique ! Car, il faut bien nous l'avouer, Alger, ville de cinquante mille âmes, n'a pas de société philharmonique, cet indispensable élément des moindres sous-chefs-lieux de France. Aussi, l'orchestre du théâtre est-il, la plupart du temps, détestablement composé ; aussi tremblons-nous à la seule idée de voir changer de garnison ces musiques militaires sans lesquelles nous n'aurions plus guère, en été surtout, d'autre récréation acoustique que des orgues de Barbarie et le karakob des nègres.

Un homme de grand talent, mais utilitaire excessif, M. le docteur Bodichon, trouva naguère mauvais que l'on choisit une statue pour perpétuer le souvenir du duc d'Orléans. Il eût préféré des chaudrons. « Les chaudrons, disait-il, servent à quelque chose ; une statue ne peut qu'inspirer l'amour des beaux-arts ; or, si jamais, comme jadis les Grecs, les Algériens se passionnent pour un tableau, pour un acteur, pour un musicien, malheur à eux ! » N'est-il pas à craindre plutôt que nos colons, mêlés à des êtres sauvages, harcelés par les fléaux d'une nature violente et dominatrice, aigris par les difficultés incessantes de l'œuvre, ne perdent peu à peu leur caractère originel et ne finissent, à l'exemple des Romains, des Vandales, des Arabes, des Grenadins, de tous les peuples enfin qui nous ont ici précédés, par retomber dans les bas-fonds de la barbarie. C'est moins l'amollissement que l'abrutissement des mœurs qu'il nous faut craindre désormais. Tout travail actif ou sédentaire a besoin de distractions, et les distractions, en ce climat torride, ce n'est la plupart du temps ni la chasse, ni l'escrime, ni même la promenade, c'est le repos. Or, le repos sans la lecture, sans le dessin, sans la musique, qu'est-ce sinon l'oisiveté, le cabaret ou la débauche ? Donc, un musée, vite un musée !

ET CŒTERA

Sur ce, lecteur, j'ai bien l'honneur...
— Vous avez donc fini !
— « Donc » est flatteur, « fini » sagace, *antiphrasement* parlant, comme dirait un caporal. Fini ! C'est à peine si je commence. D'ailleurs, a-t-on jamais fini ? Mourir même n'est pas finir, c'est seulement changer d'état. Et les sciences, lecteur, quel digne pendant aux beaux-arts ! Le nom d'Icosium, que disputait Cherchel, rendu aux annales d'Alger ; Rusgunia signalée dans les broussailles du cap Matifou ; nombre de médailles trouvées, de mosaïques colligées, le tombeau de la Chrétienne, les hypogées du jardin Mareogo, la grotte et les silex de la pointe Pescade, quels riches matériaux pour un vingt-unième chapitre !
— Je croyais...

— Et l'enseignement, lecteur ! La création, en 1835, de la bibliothèque et du collége d'Alger ; le collége quittant, deux ans après, son berceau de la rue des Trois-Couleurs pour occuper l'hôpital Bab-Azoun, ex-caserne des janissaires, à la veille aujourd'hui d'être à son tour quittée ; l'institution des ouvroirs musulmans, de l'académie, de l'école de médecine, du collége arabe français. Puis, les critiques voulues. Ce nouveau lycée mal placé, mal entouré, malsain, et tout au plus bon à servir de serre humide pour les champignons. Cette bibliothèque obstinée à n'ouvrir sa chambre étroite, insuffisante et sombre, qu'aux heures où le public en peut le moins user. Comme si, depuis longtemps, un salon vaste et clair ne devrait pas être annexé au palais mauresque de la rue de l'Etat-Major, le salon ouvert tous les jours, matin et soir, comme à Marseille, comme à Oran, comme partout, le palais exclusivement consacré à la garde des collections. Le beau vingt-deuxième chapitre !

— Vous disiez cependant....

— Et les cultes ! Cette hésitation lorsqu'il s'agit d'introniser le catholicisme en Afrique. On craignait d'affliger nosseigneurs les musulmans ! Ce n'est qu'après deux ans d'occupation que l'on ose parler d'église. Une quête est organisée pour en défrayer la bâtisse. Vains efforts, les écus regimbent. On se contente, au pis aller, de la mosquée des Ketchaoua. Une croix au faîte, et la voilà tour à tour église, cathédrale, métropole. La curieuse histoire que celle de sa lente et coûteuse transformation ! Le chœur fini, la nef craque ; la nef restaurée, le chœur de faillir. On commence à désespérer lorsque le chanoine G'Stalter, pour les obsèques du dernier évêque, ouvre enfin la nef et le chœur ensemble. Puis les églises succursales, les synagogues, les mosquées, les temples, le séminaire, quelle source d'alinéas pour un vingt-troisième chapitre !

— Il me semblait....

— Et les fêtes publiques, les cérémonies, les revues ! La Saint-Philippe célébrée, pour la première fois, le 1ᵉʳ mai 1832, sur l'esplanade, au camp de Mustapha, les anniversaires des 14 juin, 27 juillet et 15 août, avec leurs spectacles, leurs bals, leurs jeux, leurs illuminations, l'arrivée du duc d'Orléans, l'inauguration du bœuf-gras, le grand festin donné, sur la place Royale, au maréchal Bugeaud revenant du Maroc, le banquet démocratique de 1848, les obsèques du duc d'Isly, quelle mine à descriptions !

— Je ne comprends pas alors....

— Et la monographie des fléaux, sinistres et catastrophes ! La tempête légendaire du 11 février 1835, l'incendie des baraques de la place du Gouvernement, l'explosion des poudres du parc d'artillerie, l'écroulement des carrières Bab-el-Oued, le naufrage de l'*Atlas*, les invasions de sauterelles, les tremblements de terre, les inondations, les sécheresses, le choléra, la famine, certains voyages... Et l'histoire du théâtre, de la garde nationale, des hôpitaux, des tribunaux, de la police, des voitures, de la navigation, de l'administration, du commerce, de l'industrie, des coutumes, des abus ! Croyez-vous qu'il n'y ait point sujet à vingt autres chapitres ?

— Pourtant, cette formule « Sur ce, lecteur, j'ai bien l'honneur, » est celle du salut d'adieu.

— Supposons (c'est peut-être vrai) que vous soyez à table, lecteur. Votre potage avalé, potage succulent, parfait, vous renvoyez la soupière. Est-ce à dire, pour cela, que vous n'ayez plus faim ? Vous attendez le rôti, les entremets, le dessert. Ils viennent à tour de rôle, et vous y faites honneur. Mais si l'on vous eût, à leur place, servi de la soupe encore, puis encore de la soupe, enfin toujours de la soupe, auriez-vous mangé du même appétit ? Ne vous seriez-vous pas lassé dès la deuxième ou troisième édition de ces délicieux, mais uniformes potages ?

A traiter sur le même ton, en longs chapitres semi-historiques et didactiques les matières qui me restent, ne dois-je pas craindre aussi de fatiguer l'attention ? Que le style haché ferait bien après la diction compacte ! Le paragraphe léger après la lourde période ! Quelques contes aussi, quelques fables, quelques rondeaux ! Le nouveau lycée mis en vers latins, le jardin d'Essai en logographes, la voierie en iambes, la bureaucratie en épigrammes, les mœurs accommodées en satire et le royaume arabe en roman illustré !

Je ne conclus donc pas, lecteur, je m'interromps pour changer de plume ; je ne vous dis point « adieu », mais « au revoir » ; et, fidèle comme doit l'être tout bon *auteur d'Alger* au français frotté de *sabir* dont nos précurseurs ont fondé le digne vocabulaire (*négro, champoreaux, bourricot, bourricotier, corricoleur*), j'écris au bas de cette page, non le mot « fin » qui manquerait d'exactitude, non le classique « sera continué » qu'exclut l'idiome en vigueur, mais la formule consacrée de notre presse coloniale :

« *A SUIVRE.* »

TABLE

		Pages
	PRÉAMBULE.....................	1
I	L'ATTRAIT......................	4
II	LA TRAVERSÉE	22
III	L'ASPECT	39
IV	L'ACCÈS	55
V	LA PLACE DU GOUVERNEMENT.....	66
VI	MÉMOIRES D'UNE STATUE.........	78
VII	L'ANIMATION	100
VIII	LE BOULEVARD DE L'IMPÉRATRICE .	112
IX	LES BANCS	123
X	LA FOIRE.......................	136
XI	LES COURSES ET LA FANTASIA.....	152
XII	LA FEMME DU JOCKEY PISTACHE ..	164
XIII	LES CAFÉS......................	178
XIV	BAB-AZOUN	190
XV	BAB-EL-OUED....................	207
XVI	LE JARDIN DU PRÉFET...........	225
XVII	LA HAUTE VILLE................	243
XVIII	LA CAMPAGNE...................	256
XIX	LA PRESSE	286
XX	LES BEAUX-ARTS................	307
	ET COETERA....................	300

FIN DE LA TABLE.

www.ingramcontent.com/pod-product-compliance
Lightning Source LLC
Chambersburg PA
CBHW050752170426
43202CB00013B/2397